슬픈 붓다

일러두기

1. 산스끄리뜨, 빨리 등 인도어의 한글 표기는 국립국어원 외래어표기법을 따르지 않고 인도학계에서 일반적으로 통용되는 원칙을 따랐다.

2. 고대 인도사와 관련된 전문 용어나 고유 명사는 산스끄리뜨 어휘를 사용했다(예: 까뻴라와스뚜, 꼬샬라 등). 그러나 불교 초기 경전에 나오는 용어를 사용할 경우는 빨리 어휘를 택했고(예: 고따마, 담마, 닙바다 등) 필요에 따라 괄호로 산스끄리뜨 어휘를 함께 적었다(예: 캇띠야→끄샤뜨리야).

3. 이 책은 전문 학술서가 아닌 대중서를 지향한다. 따라서 원전 인용이나 해석에 필요한 주석을 따로 달지 않았다. 단, 참고문헌은 책 뒷부분에 주요 저작물을 중심으로 기술하였다. 그리고 산스끄리뜨나 빨리로 된 전문 용어를 로마자로 표기할 때는 학계에서 통용되는 음성 부호를 사용하지 않는다. 따라서 이 로마자 표기를 통해서는 산스끄리뜨나 빨리로 된 용어를 대강 발음은 할 수 있으나 정확한 철자는 알 수 없다.

4. 본문에 직접 인용한 원전의 글은 영어로 된 원전을 좀 더 쉬운 말로 풀이하였다.

| 세상 밖에서 공동체를 꿈꾼 이상주의자 | 이광수 지음 |

21세기북스

프롤로그

살아 숨 쉬는
인간 붓다

불교가 발생한 지 2,500년 정도가 지난 19세기에 유럽의 학자들이 처음 만난 붓다는 신이 되어버린 붓다였다. 그들은 고대 인도의 문헌 전통이나 종교의 역사에 대해 아는 것이 거의 없었다. 따라서 그들의 눈에 붓다가 다양한 범汎인도 종교의 다신 세계에서 활약하는 하나의 신으로 보인 것은 당연한 일이었다. 지금도 고대 인도 역사학에서 논란이 되고 있는 힌두교의 인격신이 많다. 그 가운데 실제 역사적 인물이 신격으로 바뀐 예도 많고 반대로 그 가운데 역사적 사건으로 추출할 수 있는 것도 많다.

휘황찬란하게 만들어진 신

학문적 의미에서 인도 연구를 처음 시작한 19세기 유럽 학자들이 휘황찬란한 신의 세계로 편입되어버린 붓다를 역사적 인물이 아니라 만들어진 신으로 간주하는 것은 당연한 일이었다. 현재 힌두교의 시바Shiva나 라마Rama 같은 주요 신을 실존 인물로 생각하는 사람이 많지 않다. 그렇듯이 당시 붓다 또한 그들의 눈에는 역사적 인물로 보이지 않았던 것이다. 이미 겹겹이 변해버린 그는 그냥 휘황찬란한 신이었던 것이다.

신이 된 붓다의 모습은 힌두교 주요 신 가운데 하나인 비슈누Vishnu나 그 계통의 신인 라마와 여러 특질을 공유하면서 누가 봐도 매우 닮아 있었다. 실제 고대 힌두교도는 붓다가 죽은 지 400여 년이 지난 뒤부터 그를 태양 계보의 신으로 간주했다. 살아 있는 사람도 눈 깜박할 사이면 신이 되어버리는 힌두 종교 풍토에서는 얼마든지 가능한 일이었다.

힌두 종교 신의 계통에는 크게 두 계보가 있다. 하나는 태양 계보요, 다른 하나는 태음 계보다. 태양 계보의 신은 광명과 지혜를 관장하면서 깨달음을 추구하고 악을 응징하면서 세상을 다스린다. 세상을 구원하는 일을 하는 특질과 관련된 존재다. 반면 태음 계보에는 암흑, 요가, 방랑, 생산, 징벌 등의 특질을 지닌 신들이 모두 모인다. 비슈누 사단의 이상 군주 라마와 목자 끄리슈나Krishna가 태양 계보의 신이고 시바가 태음 계보의 신이다.

결국 그들은 살아서 지혜, 깨달음, 구원, 자비 등의 특질을 갖춘 행적을 남긴 붓다를 비슈누의 아홉 번째 화신으로 앉혔다. 그리고 그 모습이 1,500년 넘게 인도 신전에 그려져 있었다. 그러한 붓다를 처음 접한 유럽 학자들이 그를 역사인으로 간파하는 것은 그리 쉬운 일은 아니었다.

불교는 19세기 이후 유럽에 매우 매력적인 종교로 다가갔다. 산업혁명이 일어나고 근대정신 속에서 물질문명이 꽃을 피우고 식민주의, 제국주의, 세계대전을 겪으면서 서양 사람들은 갈수록 인간 소외에 대해 반성하고 권력과 물질 숭배에 회의를 품기 시작했다. 그런 가운데 불교의 매력에 빠지기 시작했다. 그때 그들이 만난 불교는 주로 공空 사상을 중심으로 한 매우 신비하고 관념론적인 대승 불교였다. 그래서 초기 경전에 나타난 붓다는 힌두 종교 전통에서 세상은 정신과 물질로 구성되어 있고, 그 안에서 모든 것은 다 변하며 그래서 세상은 고통 그 자체이고 그 안에서 인간이 해야 하는 것은 절대적 자유, 즉 해탈을 추구하는 것이라는 상키야 Samkhya 철학을 인격화해 만들어놓은 것으로 생각하였다.

일부에서는 붓다가 역사에서 실존한 것은 틀림없으나 그의 세계관은 결국 대승 불교로 발전해나가는 과정에서 갓 시작한 원시 primitive 수준에 머물러 있기 때문에 그리 주목할 필요가 없다고 생각하기도 했다. 어찌 되었든 이성과 합리로 무장한 유럽인은 그들과 세계관이 비슷한 붓다의 실제 모습에는 별 관심을 두지 않았다. 그들은 오직 신비하면서 감성적인 종교의 세계에만 큰 관심을 기울였을 뿐이다.

신화 속에 박제된 붓다

붓다는 오랫동안 인도, 중국, 한국은 물론 유럽이나 스리랑카, 캄보디아 같은 동남아시아에서 항상 신으로 자리 잡았다. 그를 처음 만난 유럽인도 그를 그러한 전통 안에 존재하는 여러 신 가운데 하나로 보았다. 그들은 그가 그토록 거부하고, 그토록 경계하라고 한 비합리적인 신앙의 외투에 들어가 있는 모습을 보았다. 한국의 대표적 선승인 성철 스님도 제발 다비를 크고 화려하게 하지 말라고 했다. 그러나 그럴수록 다비는 화려해지고 커졌다.

종교는 스승의 가르침을 따라가는 것이 아니다. 살아 있는 사람들이 원하는 대로 만들어가는 것이다. 그것은 종교가 역사와 동떨어져 고정된 것이 아니고, 역사 속에서 무시로 변하며 물질세계의 변화무쌍한 산물이기 때문이다. 그런 가운데 가장 돋보이는 현상이 역사인 붓다가 신 붓다로 변모한 일이다.

기독교 교리에 따르면 예수는 죽지 않았다. 그는 살아서 일하는 존재다. 그들의 교리로 보면 말이다. 그래서 그는 전지전능한 신이다. 하지만 붓다는 그렇지 않다. 적어도 붓다의 가르침에 따르면 이미 생을 마치고 열반에 든 존재다. 결코 살아서 역사하는 신이 아니다. 그렇지만 현재 붓다는 신이다. 붓다는 갠지스 강 유역에서 데칸고원을 지나 스리랑카로 건너간 뒤 미얀마, 타이 등 동남아시아는 물론 중국, 한국, 일본으로 건너가 뿌리를 내렸다. 그리고 동아시아 지역에 오랫동안 살면서 인간 세상에 개입하고 관여하는 전형적인 신으로 역사하고 있다. 대부분 불교도에게 붓다는 오랫동안 신으로서 신앙의 대상이었을 뿐 역사인으로 거의 관심을 받지 못했다. 붓다만큼 전 세계적으로 오랫동안 완벽하게 잊힌 역사인도 그리 많지 않을 것이다.

붓다 사후 400년 정도가 지난 뒤 쓰이기 시작한 그에 관한 신화와 전설을 제외하면 우리가 역사적 사실이라고 할 만한 그의 생애 기록은 매우 적다. 그것은 그의 제자들이 그를 신이 아니라 단순한 스승으로 간주하고 그의 가르침에만 관심이 있었을 뿐 그의 일생에는 관심을 두지 않았기 때문이다. 이는 예수의 경우와 비슷하다. 그래서 붓다의 가르침을 빨리어로 기록해둔 니까야Nikàya 경전의 극히 일부분에 그의 삶과 관련된 역사적 사건들이 묘사되어 있다. 이를 토대로 하면 일반에게 널리 알려진 그의 역사는 극히 일부밖에 되지 않는다.

니까야 경전은 한국 사람들이 믿는 대승 불교의 경전에는 포함되어 있지 않다. 아함경이 그래도 유사하다고 하지만 전혀 다르다. 그래서 한국인은 오랫동안 붓다와 초기 불교의 원래 상태를 제대로 알 기회가 적었다.

특히 한국 사회에서 붓다에 대한 역사적 이해가 부족한 것은 인도 역사 연구를 무시하는 한국 학계의 경향과도 관계가 깊다. 붓다와 불교에 대해서 실제 역사를 제대로 이해하지 않으려는 경향은 일반인이나 학문하는 사람이나 크게 다를 바 없다. 그들은 붓다가 활동하고 불교가 발생한 고대 인도의 역사에 전혀 관심을 두지 않는다. 이는 기독교계의 분위기와는 사뭇 다른 것이다. 기독교계에서는 역사인 예수와 초기 기독교를 이해하기 위하여 신학교는 물론이고 웬만한 동네 평신도조차 고대 이스라엘의 역사와 히브리어 나아가 그리스어와 라틴어까지 공부하는 경우가 적지 않다. 그런데도 한국 문화의 뿌리이자 젖줄인 불교가 발생하고 발전한 인도사를 연구하는 학자는 한 손으로 꼽을 만큼도 안 된다. 그것도 역사학과에 속한 교수는 단 한 사람도 없다니 참으로 부끄러운 일이 아닌가?

한국에서 『삼국유사』를 이해하는 풍토가 그 좋은 예다. 『삼국유사』는 불교 역사 인식에 근거하여 편찬된 사서史書다. 그런데 대부분 학자가 그것을 불교적 역사 인식을 제대로 하지도 않고 읽는다. 그러니 오독에다 오해가 판치는 것이다. 단순하게 신앙의 대상으로 삼는 것에 대해서는 특별히 비판하고 싶은 생각이 없다. 하지만 그것을 제대로 이해하려는 사람은 그래서는 안 된다. 그러한 맥락에서 고대 인도의 시간을 중심으로 하는 세계관을 간략하게 훑어보자.

역사인 붓다는 불교도는 물론이고 역사학자에게도 오랫동안 큰 관심을 받지 못하였다. 그의 역사적 행적이 워낙 신화로 둘러싸여서 그랬을 것이다. 하지만 더 중요한 것은 고대 인도의 역사가 근대적 의미의 학문으로 분석된 지 그리 오래되지 않은데다가 서양의 학자들이—넓은 의미에서 식민주의와 관련해—연구했기 때문일 것이다.

역사인 붓다를 찾아서

서양의 학자들은 19세기 후반부터 빨리어로 된 초기 경전을 본격적으로 연구하기 시작했다. 빨리경전협회Pali Text Society가 1881년에 설립되어 초기 경전을 본격적으로 연구하면서 역사인 붓다에 대한 연구도 시작되었다. 처음에 학자들은 기원전 5세기부터 기원후 5세기경까지의 빨리 경전을 동일 문헌으로 오해했기 때문에 역사인 붓다에 대한 정확한 이해는 초기에는 잘 이루어지지 않았다. 초기의 리스 데이비즈^{T.W. Rhys Davids}, 올덴베르그^{H. Oldenberg}, 케른^{H. Kern} 등은 당시의 오리엔탈리즘에 기울어 역사인 붓다의 본모습을 이해하기에는 부족하였다.

역사인 붓다에 대한 본격적인 연구는 불교가 발생한 기원전 6세기 인도 동북부 지역에 대한 연구가 진행된 1960년대 이후부터 이루어졌다고 보는 것이 나을 것이다. 피크^{R. Fick}, 보스^{A. Bose}, 와글레^{N. Wagle} 등이 기원전 6세기 인도 동북부의 농업 경제와 사회 변화에 대해 연구한 결과물은 붓다를 역사인으로서 조망하는 학문적 배경을 제공해주었다. 특히 이 가운데 고칼레^{Gokhale}가 낸 사회사 논문 몇 편과 닷뜨^{S. Dutt}의 사원사 연구 등은 붓다를 둘러싼 초기 상가^{sangha, 僧伽}와 재가 사회의 역사를 규명하는 데 이바지했다.

특히 불교의 기원을 슈라마나^{沙門} 전통에서 찾아 그 사상사적 전통을 역사의 맥락에서 파악한 빤데^{G.C. Pande}의 연구는 지금까지 관련 학계에 가장 심대한 영향을 미쳤다고 봐도 지나친 말이 아닐 것이다. 그 밖에 샤르마^{R.S. Sharma}와 타빠르^{Romila Thapar}의 기원전 6세기를 전후로 한 사회경제사 연구도 붓다의 역사적 행적을 이해하는 데 중요한 토대를 제공했다고 할 수 있다.

붓다 개인에 대한 연구는 수도 없이 많지만 대부분 신화와 전설로 점철된 이야기를 근거로 하여 그의 메시지를 조명해보는 수준에 머무르고 있다. 그러나 1948년에 나온 토마스^{Edward Thomas}의 연구는 일반적으로 알려진 붓다의 모습에서 전설과 신화를 뺀 실제 역사가 어떠한 것인지를 제시해주는 수작이라 할 수 있다. 라훌라^{Walpola Rahula}

의 연구 역시 신화에서 벗어난 붓다의 원래 가르침을 냉정하게 연구하여 후대의 붓다 연구에 큰 영향을 미쳤다. 트레보 링 Trevor Ling 은 역사인 붓다가 나오기 전부터 그가 활약한 당시와 그 이후 역사를 총체적으로 다룸으로써 일반인에게 처음으로 역사인 붓다의 모습을 본격적으로 제시해주었다는 데서 좋은 평가를 받을 만하다.

이 대목에서 빠뜨릴 수 없는 연구자가 있다. 한국빠알리성전협회를 이끌어가는 전재성 박사가 바로 그다. 그가 번역한 초기 니까야 경전은 일반인에게는 아니겠지만, 붓다와 초기 불교의 모습에 관심 있는 학자들에게는 더할 나위 없는 소중한 자료가 될 것이다.

펜과 렌즈로 되살리다

이 책은 20년 전에 받은 박사 학위 논문을 바탕으로 썼다. 그 학위 논문을 쉬운 글로 풀어 일반인에게 알려야겠다는 생각을 오랫동안 해왔다. '언젠가는 써야지' 하고 마음만 먹고 있었는데 우연한 기회에 페이스북에다 붓다라는 역사인 이야기를 풀 기회가 생겼다.

난 역사학자이면서 사진가다. 이 둘은 '붓다'에서 만난다. 그래서 5년쯤 전부터 인도를 비롯하여 스리랑카, 감보디아, 타이, 베트남 등과 한국의 여러 곳을 다니면서 '슬픈 붓다'를 카메라로 찍었다. 그러다가 2012년 여름, 그동안 찍은 '슬픈 붓다'를 페이스북에 올렸다. 제목이 '슬픈 붓다'여서 그랬는지 사진 캡션이 예사롭지 않아서 그랬는지 사진이 좋아서 그랬는지 붓다 이야기가 충격적이어서 그랬는지 모르겠다. 하여튼 내 연재에 대한 페이스북 친구들의 반응은 가히 폭발적이었다. 사진과 글에 관심을 둔 많은 분의 요청이 쇄도하고, 나 또한 그 반응에 신이 나 2012년 여름 내내 화끈하게 '슬픈 붓다'와 지냈다.

박사 학위 논문을 쉽게 풀어쓰고 그 후 새로 나온 글도 넣고 하고 싶은 한국 정치와 사회의 '진보' 이야기도 집어넣었다. 20년 전과 오늘의 틈을 '붓다'가 이어주면서 무더운 여름과 붉은 가을을 매일같이 컴퓨터 앞에서 '슬픈 붓다'와 지냈다. 그러면서 학문은 사람들과 함께하는 것을 전제로 해야 함을 새삼 깨닫게 되었다. 페이스북을 통해 소통하면서 무더운 여름 내내 스멀스멀 올라오던 행복감을 잊지 못할 것이다. 잊지 못할 추억과 좋은 책을 갖게 해준 여러 페이스북 친구, 특히 『슬픈 예수』와 『슬픈 공자』로 뒤를 받쳐줘 일을 한껏 키워준 페친 김근수 님과 이한우 님께 감사드린다.

원고를 정리하면서 내게 이런 고귀한 것을 가르쳐준 델리대학교 대학원 사학과 은사님들이 떠올랐다. 세월의 무상함에 돌아가신 영원히 잊을 수 없는 아버지 같은 은사님 샤르마 R.S. Sharma 선생님과 몸이 불편한데도 여전히 활동하고 계시는 자 D.N. Jha 선생님, 종교사의 진수를 보여주신 지도교수 슈리말리 K.M. Shrimali 선생님, 인간적인 사랑을 가장 많이 베풀어주신 드위베디 P.S. Dwivedi 선생님, 그립고 또 그리운 친구들, 세인트 스티븐 대학교 St. Stephen's College 교수 말라이 니라브 Malay Neerab, 나시끄고전古錢연구원 Indian Institute of Research in Numismatic Studies, Nasik 원장 자 Amiteshwar Jha에게 특별한 고마움을 전한다.

그리운 그 시절, 무척 돌아가고 싶다.

책을 잘 만들어주신 21세기북스 가족 여러분과 북디자이너 여상우 님 그리고 사진 보정 작업에 큰 도움을 주신 사진작가 정금희 님께 감사드린다.

항상 그렇듯, 책을 낸다는 고통의 기쁨을 같이 나눠 가져 주는 아내 유재희와 아들 상원, 딸 상은에게 감사와 사랑을 전한다.

이 책을 필설로 다할 수 없는 어려운 가족사를 꿋꿋이 이겨내신 외할머니 고故 김귀례 님, 어머니 김명숙 님, 외삼촌 김동원 님께 바친다.

2013년 6월
20년 넘게 정든 망미 주공아파트에서
이광수

차례

프롤로그 | 살아 숨 쉬는 인간 붓다   4

1장 | 인간 중심의 세상을 꿈꾸다

깨달음에 이르는 길 ——————————————— 19
왜 역사적 추적인가 ——————————————— 27
욕망의 대리인 ————————————————— 35
붓다를 죽이고 신을 만들다 ——————————— 43
가면을 뒤집어쓴 붓다 —————————————— 51

2장 | 급진적 진보의 길을 걷다

붓다 탄생의 시대 ———————————————— 61
새로운 사회를 꿈꾸다 —————————————— 69
사회로부터의 해탈 ——————————————— 77
탈역사적 사회변혁가 —————————————— 87
여성의 상가 입단 ———————————————— 95

3장 | 평등한 공동체를 꿈꾼 개혁가

붓다와 마르크시즘 ——————————————— 103
사유 재산 극복 의지 —————————————— 111
이상주의자의 슬픈 운명 ————————————— 119
브라만 독점 지위의 카스트 비판 ————————— 127
인도 사상 가장 큰 사회 운동 —————————— 137
불교는 살고 붓다는 죽었다 ——————————— 147

4장 | 더불어 사는 것이 경제다

출가자와 재가자	155
부와 가난 모두 경계하다	165
이상적인 수행공동체를 꿈꾸다	171
정사의 탄생과 정착	177
사원의 사회적 역할	187
엄격한 무소유 원칙	195

5장 | 인간으로 본을 삼다

힌두교의 비합리성 비판	205
희생제와 주술에 대한 견해	215
양보와 타협에서 변질과 왜곡으로	225
붓다가 열반을 설한 이유	233
보리수 아래에서 수행하였을까	241
모순에 빠진 재가자	251

6장 | 정의로 세상을 다스려라

사회 질서를 수호하는 왕권을 지지함	259
인간의 얼굴을 한 역사관	267
정의롭고 평등한 군주	275
함께 가는 세상	281
광란의 슬픈 역사	289

에필로그 | 붓다가 꿈꾸는 희망의 나라 · 297
후기 | 당대의 처절한 역사를 온몸으로 살아낸 한 인간의 이름, 붓다 · 307
사진 인덱스 · 312
참고문헌 · 314

1장

인간 중심의
세상을 꿈꾸다

깨달음에 이르는 길

종교란 무엇인가? 종교란 일반적으로 내세가 있다거나 신 또는 그와 관련한 여러 종류의 영적 능력을 믿는다거나 영원불멸의 초월적 세계로 귀환하기를 추구한다거나 세상이 성(聖)과 속(俗) 둘로 나뉘어 있다거나 하는 현상을 가리키는 것으로 알고 있다.

하지만 꼭 그런 것만은 아니다. 서아시아에서 발생한 유대교, 기독교, 이슬람교의 성격과 인도아대륙에서 발생한 힌두교와 불교의 성격 그리고 동아시아의 유교, 한국의 무교, 일본의 신도에서 공통으로 추출해낼 수 있는 종교로서의 성격이 모두 달라 이들을 하나의 카테고리로 묶어 '이것이 종교다'라고 말할 수는 없다.

그런데 우리는 종교의 의미를 기독교를 통해 이해하기 시작했다. 그래서 우리는 종교를 기독교의 특성을 기준으로 삼아 이해한다. 기독교가 가지고 있는 제1의 성격은 이분법적 세계관이다. 쉽게 말하면, 선과 악의 분리, 지옥과 천당, 하느님/하나님과 사탄, 승리와 패배, 빛과 어둠 등이다. 기독교의 세계관에 따르면 반드시 정경^{Canon}이 있다. 그리고 그 정경에 어긋나는 것은 이단이다. 진리는 그 정경에 따른 유일한 것만 존재하고 절대 변하지 않는다. 그 정경에 반하는 것을 존중하고 그것과 화합하고 공존하는 것은 사탄의 짓이자 어둠의 일이며 악행이다. 그들과 싸우고 그들을 굴복시키는 것은 그들의 신이 내린 지상 과제다.

반면 불교는 이와 전혀 다르다. 기독교는 역사적 예수를 크라이스트^{Christ}(구세주)로 믿는 신앙이다. 하지만 불교는 역사적 붓다에 대한 믿음이 아니라 '붓다가 되고자 하는 진리'를 의미한다. 즉, 불교는 역사상 실존 인물인 석가모니 붓다의 말씀이 아니다.

기독교라는 말은 예수를 유일한 구세주로 믿는 사람들^{Christian}의 종교^{Christianity}를 의미하는데 한국어로 번역된 기독교는 기독(크라이스트의 음차)의 종교라는 뜻을 갖게 된다. 둘이 약간 불일치하는 듯하지만, 어차피 예수를 크라이스트로 믿는 것 자체가 기독의 말씀이니 크게 문제될 것은 없다. 하지만 불교는 상황이 다르다.

불교라고 번역된 것은 바웃다^{Bauddha} 다르마^{dharma}다. 인도 전통에서 '다르마'는 진리, 보편법, 도덕, 종교 같은 의미가 묶인 것이라서 다르마를 '종교'라고 번역하면 일반적으로는 무방하다. 하지만 '바웃다'는 다르다. 바웃다는 '붓다'(즉 깨달음을 얻은 사람)가 되고자 하는 사람을 의미한다. 붓다를 불^{佛}이라고 번역하면, 바웃다는 불^{佛}이 될 수 없는 어휘임에도 중국에서 그렇게 애매하게 번역하여 뜻을 제대로 옮기지 못했다.

'바웃다'와 '다르마'를 묶어 '불교'라고 하면 그 뜻이 붓다, 즉 역사상 실존한 석가모니 붓다의 종교라는 의미를 띠게 되므로 원래 '불교'를 의미하는 '바웃다 다르마'의 의미를 담지 못한다. '바웃다 다르마'는 석가모니 붓다와 그 가르침을 유일한 것으로 위치시키지 않는다. 따라서 불교에서 중요한 것은 석가모니 붓다의 가르침이 아니라 붓다가 되고자 하는 여러 방편이다.

붓다가 지킨 중도의 토대 위에서 법에 대한 믿음은 여러 가지 방편의 가능성을 받아들였다. 그 때문에 생긴 새로움은 변질이 아닌 변화로 간주하는 것이 불교의 전통이다. 이것이 불교 정체성의 시원始原이다. 따라서 불교는 새로운 경전을 창작하고 신앙을 만들어내는 것은 물론이거니와 그것이 붓다의 교리와 완전히 배타적이고 모순된 것도 아주 자연스럽게 받아들인다. 석가모니 붓다가 설파한 것을 유일한 진리로 삼고 그것을 중심으로 형성된 신앙 체계가 아니라는 것이다. 석가모니 붓다는 붓다가 되기 위한 여러 길 가운데 하나의 길을 제시해준 많은 붓다 가운데 하나일 뿐이다. 그래서 불교를 믿는 사람들에게 석가모니 붓다의 말을 따르는 것은 절대적이지 않다. 석가모니 붓다 이외에도 신격화된 또 다른 붓다나 보살 또는 여러 신을 믿고 여러 고승이나 스승이 설파한 것을 따르는 것도 엄연하고 정당하게 인정받는다.

그래서 불교에는 근본이 있을 수 없다. 이것도 옳고 저것도 옳은데

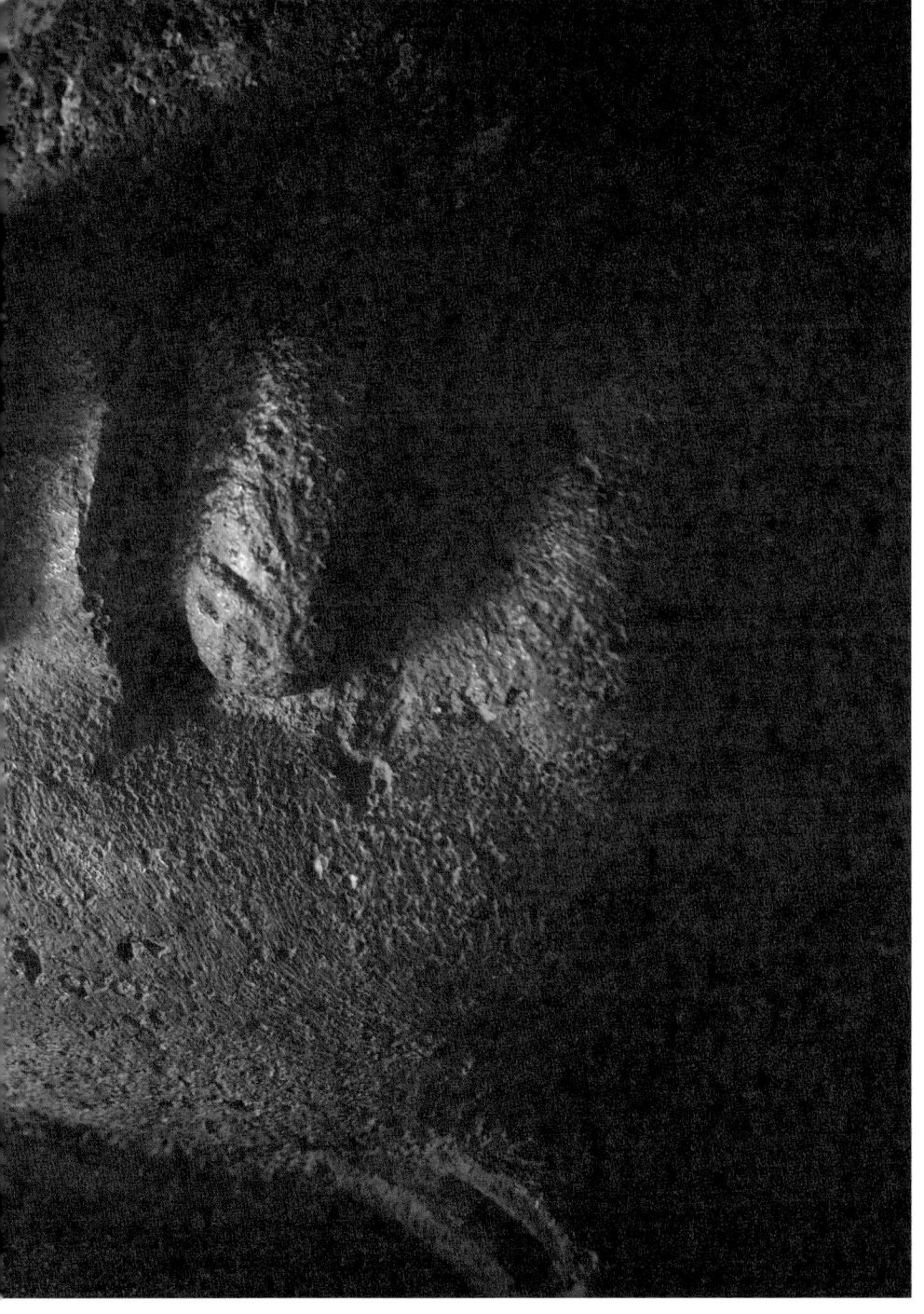

무엇을 기준으로 낡은 것을 버리고 새로운 것으로 고친다는 것인가? 그러니 만해 한용운 선생이 말씀하신 불교유신론이라는 것부터 어폐가 있다. 만해가 민족 지도자로 민족을 위해 훌륭한 일을 하였겠지만, 불교에 대해서는 잘못 이해하였다는 것이다.

한국 불교가 왜색 불교라면서 일본 불교를 경멸하고 없애야 할 대상으로 간주하는 것도 불교적 태도는 아니다. 출가해서 혼자 수도에 전념하는 전통을 강조하는 불교가 결혼해서 아이 낳고 가족을 이루는 전통의 불교보다 더 옳거나 근본적이라 생각해서도 안 된다. 이것이 불교의 세계다.

'종교 간 대화'라는 개념도 마찬가지다. 이는 원래 서양에만 해당하는 개념이다. 서양에서는 기독교의 특성상 종교를 갖지 않는 사람이 그리 많지 않다. 중세 유럽의 남부에 영향력을 미친 이슬람 정도가 있을 뿐이다. 그런데 이슬람이 유럽의 문명을 풍성하게 하는 데 큰 역할을 하였음에도 기독교 극단주의자들은 그들을 없애버려야 할 적으로 간주하였다. 그 결과 종교를 기준으로 하여 극단적 대립이 극대화되고 있다. 따라서 '종교 간 대화'라는 개념은 이분법적 종교관을 갖는 유럽의 현대 다원 사회에서 기독교와 이슬람의 관계를 설정한 것에서 기인했다고 보는 것이 옳다.

이 점에서 아시아는 분명히 다르다. 유럽에서 말하는 종교라는 개념을 아시아의 상당수 지역에 적용할 수도 없는데다가 그러한 성격의 종교를 갖지 않는 사람들이 다수를 차지한다는 의미다. 좀 더 쉽게 말하면 종교 사이에 갈등과 긴장의 요소가 존재하긴 했다. 하지만 서양에서와 같이 전쟁이나 테러 같은 종교 공동체 간의 폭력적 충돌로 이어지지는 않았다는 말이다. 따라서 '종교 간의 대화'라는 개념을 유럽 바깥의 지역에 적용하면 그 범주에 들어가지 않는 경우가 많이 생긴다.

그럼에도 아시아에도 서양에서 만들어진 종교 간의 갈등과 근본주의 문제가 들어와 갈등의 뿌리가 되어가고 있다. 종교 간의 대화를 해야 하는 것은 분명하다. 이 글에서 주로 다루는 인도는 물론이고 한국이나 일본에서도 서양의 기독교가 들어온 후 '우리와 남'을 기본 개념으로 하는 이분법적 세계관이 매우 강하게 전파되면서 기존의 종교 전통에 큰 변화가 일어났기 때문이다.

그래서 불교 같은 종교의 모습에서 기독교의 공격적 선교 문화나 종교 공동체 간의 긴장을 읽는 것이 어렵지 않게 되어버렸다. 원래 불교 전통에서는 무엇을 믿고 따르는지를 개인의 정체성으로 삼는 것이 중요한 것이 아니라 어떻게 살 것인지가 중요한 근본이다. 그런데 그런 성격이 크게 바뀌었다. 대학의 이사장이 기독교인이라고 채플을 의무적으로 수강해야 하는 것 같은 저급 문화가 불교 대학에도 생겼다. 불교가 변해도 참 많이 변해버렸다.

현대 문화는 정체성의 문화다. 그리고 갈등 대부분이 이 정체성에서 비롯된다. 그러한 상황에서 종교 정체성은 매우 위험하다. 특히 기독교 신자들이 다른 종교 신자나 종교를 갖지 않았거나 싫어하는 사람들 앞에서 행동이나 언어에 자신의 종교적 정체성을 드러내는 태도는 매우 심한 거부감을 줄 뿐만 아니라 위험하기까지 하다. 그러한 행동이나 언어가 그냥 받아들여지는 사회라면 얼마나 좋겠는가. 하지만 현실에는 나와 다른 사람의 정체성에 적대감을 갖는 경우가 많다. 더군다나 그것이 종교라면 더 말할 필요가 없다.

 기독교인이 말끝마다 기도하자고 하는 것은 이 협량한 사회에서 쉽게 받아들여지지 않는다. 축구 선수 박주영의 골 세리머니는 잘못되지도 않았고 나쁜 것도 아닌데 많은 사람이 그냥 싫어한다. 불자가 기독교 신자 앞에서 말끝마다 합장을 한다면 기독교인도 싫어할 것이다. 옳고 그름의 문제는 차치하고 탈脫정체성의 지혜를 모아야 한다. 그것이 이 시대 종교의 의미다.

왜 역사적 추적인가

불교라는 종교가 생기게 된 데는 석가모니 또는 붓다라고 불리는 역사상 인물인 싯닷따 고따마$^{Siddhtta\ Gotama}$(산스끄리뜨어로는 싯다르타 가우따마$^{Siddhartha\ Gautama}$)의 역할이 결정적이었다는 데는 아무도 이의를 달지 않는다. 하지만 그가 불교의 세계에서 차지하는 위치는 기독교 세계에서 예수가 차지하는 위치와는 전혀 다르다. 기독교에서는 예수가 유일한 구세주다. 따라서 예수만이 그 종교에서 추구하는 최고선^善인 구원에 이르는 유일한 길이요 진리요 생명이다. 하지만 붓다는 전혀 그렇지 않다.

붓다는 세상을 고통의 바다라고 파악하여 세상을 버리고 밖으로 나가 세상의 절대적 진리를 깨달아야 한다고 했다. 그렇다고 해서 자신이 발견한 진리를 깨닫는 것만이 붓다가 되는 유일한 길인 것은 아니라고 했다. 그래서 붓다는 제자들에게 자신은 길잡이일 뿐 신이 아니니 각자의 방편대로 깨달음에 도달해 붓다가 되라고 했다. 따라서 제자들은 각자의 방편에 따라 깨달음을 추구하였다. 그러다 보니 시간이 흐르면서 무궁무진한 길이 쏟아져나왔다.

기독교는 특정한 기준이 있어 그에 합당하지 않은 것은 이단이 되고 그에 합당하는 것은 선교의 사명으로 삼는 절대주의의 세계관으로 출발했다. 반면 불교는 특정한 기준이 없기 때문에 이단이나 선교의 개념이 없을뿐더러 변화나 공존을 따르는 상대주의 세계관으로 출발했다.

그렇다면 깨달음을 얻어 붓다가 되는 길은 몇 가지나 될까? 석가모니 붓다같이 세상을 버리고 뭔가를 깨달으려는 방법도 있겠다. 하지만 극단의 논리로 생각해본다면 석가모니 붓다가 부인한 세상 속에 함몰되어 사는 것도 가능할 것이다. 석가모니 붓다가 무의미한 것이라고 규정한 여러 가지 주술이나 의례, 신 숭배 등에 심취하거나 그것을 탐닉하는 것 또한 붓다가 되는 한 방편이 될 수 있을 것이다.

실제 역사적으로도 그렇다. 붓다 사후 500년 만에 나타난 대승 불교는 붓다가 저급으로 평가하면서 하지 말라고 권고한 신을 숭배하는 것이다. 대승 불교는 여러 방편 가운데 역사적으로 가장 널리 퍼졌다. 그리고 지금 전 세계적으로 가장 큰 영향력을 끼치는 대표적 방편이 되었다. 석가모니 붓다가 주장한 윤회에서 벗어나 해탈을 부인하고 역으로 재가자들에게 권한 윤회, 즉 왕생극락을 추구함으로써 만들어진 또 하나의 불교 세계다.

불교에는 이렇게 크게 다른 두 세계관이 공존하고 있다. 석가모니 붓다의 가르침에 따라 개인의 수행을 중심으로 해탈을 추구하는 불교를 소승 불교라 한다. 그리고 여러 붓다나 보살을 믿고 숭배해 그 믿음의 결과에 따라 왕생극락하는 불교를 대승 불교라 한다. 소승이라는 말은 배(舟)가 작다는 뜻이고 대승이라는 말은 배가 크다는 뜻이다. 여기에서 배는 인도 고유의 세계관에서 나왔는데, 영혼이 차안에서 피안으로 건너갈 때 타고 간다는 개념에서 나온 것이다.

석가모니 붓다가 설파한 해탈관은 신의 도움을 받지 않고 스스로 수행하여 깨달음을 얻으려는 것이다. 그것을 혼자 간다고 생각하여 작은 1인승 배로 비유한 것이다. 반면 대승 불교는 붓다가 하지 말라고 권고한 신 숭배를 통해 저 세상으로 건너간다는 개념으로 신이 무궁무진하게 많은 사람을 태우고 가는 배를 몬다는 생각에 큰 배로 비유하였다. 후대에 나온 불교가 붓다의 초기 불교, 즉 개인과 수행 중심의 불교를 헐뜯고 무시하여 부르는 처사다. 그래서 일반적으로 학계에서는 소승 불교라는 어휘 사용을 꺼린다. 초기 불교가 더 가치 중립적이다.

그렇다면 석가모니 붓다를 여럿 가운데 하나로 간주하면서 그가 금한(또는 하지 말도록 강하게 권고한) 여러 종교적 행위를 버젓이 할 때는 적어도 다음 한 가지는 분명히 지켜야 논리적 정합성을 가질 수 있다. 붓다가 발견한 진리를 부인하고 새로운 사실을 진리라고 설파하면 그 사실은 붓다와 관련지어서는 안 된다. 쉽게 말하면 신을 믿고 왕생극락을 추구하는 것이 하나의 방편으로 존중받을 수는 있다.

하지만 그것을 붓다가 그렇게 하라고 했다는 것은 비논리적인 왜곡이라는 말이다.

그렇지만 역사를 통해서 볼 때 붓다의 가르침은 심하게 왜곡되었다. 후대에 나오는 모든 모순적인 가르침은 붓다의 입에서 나온 것이라는 옷을 입었다. 역사적 실재로서 붓다와는 아무런 관계가 없거나 심지어 붓다가 절대로 해서는 안 될 것으로 규정한 것조차도 모두 붓다와 연결된 전설과 신화로 각색해버렸다.

그러다보니 방대한 불경에 나타난 붓다는 완전히 이상한 사람이 되어버렸다. 초기 경전에서는 하지 말라고 했는데 뒤에 와서는 자기 자신이 하고 돌아다니는 이상한 존재가 되어버린 것이다. 신앙으로 믿는 사람이야 무조건 믿으면 되니까 아무런 괴리를 느낄 필요가 없을 것이다. 문제는 신앙을 넘어 역사적으로 왜곡된다는 사실이다. 그것이 설사 선善한 기능을 하는 종교 차원에서 이루어진 것이라 할지라도 역사학자는 역사적 사실을 왜곡하는 모든 현상을 밝혀내야 한다. 나는 역사학의 의무 가운데 하나가 진리라고 널리 믿는 신화를 깨는 것이라고 믿는다.

이 글에서는 역사 속의 인간 붓다가 행한 사실을 역사적 사료를 바탕으로 추적하고 그 사회적 의미를 새겨보고자 한다. 이런 맥락에서 나는 불교가 진리의 여러 방편을 모은 도그마이지 하나의 절대적 진리를 설파하는 것이 아니라는 인도 고유의 전통 일부를 이루는 불교 고유의 상대주의적 세계관을 존중한다. 따라서 역사적 실존 인물인 붓다의 사고와 행위는 붓다가 되고자 하는 길에 있는 여러 방편 가운

데 하나에 불과하다. 그에 따라 나는 불교가 종교 안에서 차지하는 위치가 절대적일 수는 없다는 논리를 존중한다.

나는 붓다가 설파한 진리가 옳은지 붓다 이후에 만들어진 이른바 대승 불교나 밀교 불교가 옳은지에는 관심을 두지 않는다. 종교인도 아니고 종교학자도 아닌 나로선 불교 신앙에 대해 아무런 좋고 싫은 감정이 없다. 어떻게 하면 깨달음을 얻는지, 그 상태는 어떠한 것인지 등과 같은 종교의 상태에는 관심이 없다. 다만 연구 대상인 불교를 역사적 관점, 즉 실존하는 인물들이 특정 사회의 맥락에서 행위하면서 변화하는 과정과 양태를 해석하거나 분석하는 일을 할 뿐이다. 난 역사학자일 뿐 불교 신자도 철학자도 아니기 때문이다.

다시 한 번 더 분명하게 말한다. 붓다 이후 궁극을 향한 방편이 달라진 것은 특정 시대의 역사적 상황에 따른 것이므로 그것이 잘못되었다거나 그르다거나 하려는 뜻은 아니다. 물론 그것이 옳다는 것도 아니다. 나는 다만 붓다의 가르침이 역사에 따라 크게 변했다는 것을 말할 뿐이다. 또 그 가르침의 원형을 역사학적으로 가능한 범위 안에서 밝히고자 할 뿐이다.

그래서 붓다의 사상을 긍정하는 것도 부정하는 것도 모두 역사학자로서 내가 할 일이 아니다. 붓다가 신앙의 대상으로 얼마나 많은 사람에게 본보기가 되고 얼마나 많은 이적을 행하고 인류사에 얼마나 크게 공헌했는지에는 관심을 두지 않는다. 나는 지금 연구 대상인 역사적 인간 붓다에 대해서 역사적으로 추적하여 최대한 가공하거나 윤색하지 않은 그의 모습을 드러내고자 한다. 신화와 전설 속에

감춰져 있는 역사인 붓다의 역사적 실체를 키로 걸러내는 작업을 할 뿐이다. 따뜻함도 차가움도 없는 냉철한 역사적 분별을 할 뿐이다. 내가 하고자 하는 것은 연구일 뿐 신앙이 아니다.

   내가 밝힐 수 있는 것은 역사학적으로 볼 때 붓다는 어떤 사람이었고 어떤 삶을 살았으며 무엇을 가르치고 어떻게 행동하였는지에 관한 것이다. 그에 대해서는 물론 그의 제자와 교단에 대해 비판을 주저하지 않는 것은 그가 다만 내 연구 대상이기 때문일 뿐 그 이상도 이하도 아니다.

욕망의 대리인

붓다의 생애에 대한 기록은 거의 없다. 당시 붓다와 함께한 제자들에게 중요했던 것은 그의 생애가 아닌 가르침(담마^{dhamma})이었기 때문이다. 담마는 산스끄리뜨어 다르마^{dharma}의 빨리어 형태다. 어근이 '유지하다'인 이 어휘는 세상을 유지하는 보편적 원리를 의미한다. 그래서 진리, 보편법, 도덕, 도리, 의무 등을 뜻하는 범(汎)인도 세계의 모든 종교 전통에서 최상의 존재로 단정하는 개념이다. 붓다의 담마라 하면 그가 발견하여 가르친 우주적 진리를 의미한다.

붓다가 담마를 최우선적으로 강조했던 것은 제자들에게 자신을 신적인 존재로서가 아니라 뛰어난 스승으로서 관계해야 함을 천명했다는 뜻이다. 그가 생을 마감했을 때 제자들이 집단 낭송으로 기억하고 되풀이하고 잊지 않고 소중하게 유지하고자 했던 것도 그의 생애가 아니라 말씀이었던 것도 이러한 맥락의 결과다. 그래서 역사학자는 붓다의 생애를 역사적 사실로 복원하는 일에 심혈을 기울여보지만 실패할 공산이 훨씬 크다. 결국 붓다의 생애와 그가 행했던 역사적 실제는 완전할 수 없는 부분적 복원일 뿐이다. 이곳저곳에서 신화로 윤색된 부분을 골라내고 역사적 사실만 추려내는 것은 매우 어려운 일이다.

붓다라고 알려진 인간 고따마 싯닷따의 가계에 관한 역사적 사실은 인도 고대사학계의 전반적인 의견에 따라 다음 정도로 정리할 수 있다. 그는 지금의 네팔 남부에 있던 사꺄야^{Sakya}(석가)족의 작은 성읍 국가인 까삘라와스뚜^{Kapilavastu}의 왕이던 숫도다나^{Suddhodana}의 아들이다. 이름은 싯닷따이고, 사꺄야족의 한 가문인 고따마에 속해 있었기 때문에 성姓이 고따마로 알려졌다.

어머니의 이름은 마야^{Maya}다. 어머니 마야가 죽은 뒤 붓다(엄밀하게 말하면 아직 깨닫기 전이므로 고따마 싯닷따)를 키운 마하빠자빠띠 고따미^{Mahapajapati Gotami}는 마야 부인의 동생으로 알려졌으나 이 사실이 니까야 경전에 정확하게 나오지는 않는다. 그는 붓다가 처음으로 입문을 허락한 비구니인 것은 분명하나 그가 붓다를 키운 이모와 같은 사람인지는 역사적으로 확실치 않다는 뜻이다.

붓다의 탄생과 관계된 많은 이야기도 대부분 선뜻 역사적 사실로 받아들이기가 어렵다. 붓다의 아들 라훌라^{Rahula}에 관한 것도 마찬가지다. 마하빠자빠띠 고따미의 경우와 마찬가지로 상가에 입문하여 붓다의 제자가 된 라훌라라는 사람이 있는 것은 사실이다. 그러나 그

가 바로 붓다의 아들이라는 것은 역사적 사실로 논증하기 어렵다.

니까야 경전에 나오는 승 라훌라가 붓다의 아들이라고 근거 삼을 만한 것은 아무 데도 없다. 고대 인도의 신화 전통에 따라 볼 때 붓다의 신격화에 따른 전승이 만들어지면서 상가에 입문한 두 승려가 붓다의 가계로 연결되었을 개연성을 배제할 수는 없다.

후대 산스끄리뜨로 된 전승에 따르면 붓다는 스물아홉 살에 출가를 단행한다. 그가 출가하게 된 것은 성 밖에 나가 사람들 사는 모습을 둘러보면서 노인, 병자, 시체를 보게 된 때문으로 나온다. 붓다가 세상이 고통의 바다임을 알고 사회 밖으로 나오게 된 것을 마치 가을날 떨어지는 낙엽에 인생무상을 느껴서 그런 것처럼 그린 것은 영화에나 나올 법한 장면일 뿐 역사적 사실과는 거리가 있다.

니까야 경전에 따르면 붓다는 어렸을 적부터 생로병사와 슬픔, 번뇌에 묶여 있는 인간 삶의 근본 조건에 대해 깊이 고민한 것으로 보인다. 그는 모든 현상의 근본 원인과 관계에 대해 고뇌하였다. 특히 세상을 버리고 떠나는 유행자遊行子들의 삶에 관심을 보이면서 인생의 근본에 대해 심각하게 고민한 것으로 보인다. 그가 성 밖 병든 자의 모습을 보고 느닷없이 심경의 변화를 일으켜 다 버리고 떠났다는 것은 역사에 무지하기 때문이다.

까뻴라와스뚜는 갠지스 강 유역과 히말라야 산록을 잇는 교통로 상에 있는 작은 도시였다. 사끼야족은 여러 도시(혹은 성城)를 묶은 과두 공화제를 정치 체제로 유지하였고 까뻴라와스뚜는 그 여러 성 가운데 하나였기 때문에 아버지는 선출직 '성주'였다. 여기에서 성주는 원어로 '라자raja'라는 어휘다. 이 어휘는 후대로 가면서 왕을 의미하게 된다. 그래서 싯닷따는 왕의 아들로 인식되곤 하였지만 당시 라자는 후대에서 말하는 강력한 권력을 가진 왕은 아니었다. 따라서 싯닷따는 성주의 아들이긴 하나 다음에 성주의 지위에 오를 사람은 아니었다. 왕위에 오를 사람은 더더욱 아니었다. 하지만 그렇다고 그가 누릴 수 있는 지위를 포기하고 세상 밖으로 나간 것을 폄하할 필요는 없다.

그는 카스트를 기준으로 볼 때 끄샤뜨리야에 속한다. 끄샤뜨리야 계급의 이름은 여러 공화국의 이름으로 나타나는 것이 당시 일반적인 예다. 즉, '사끼야족'이라 하면 사끼야족이 왕으로 있는 공화국을 의미하면서 동시에 그곳의 끄샤뜨리야만을 의미하지 그 안에 있는 다른 카스트의 사람들도 그렇게 사끼야족이라고 부르지는 않는다는 것이다. 어쨌든 고따마 싯닷따가 공화국 사끼야족의 나라를 다스리는 성주의 아들이었음은 분명한 사실이다.

후대의 불교 문헌은 왕자 싯닷따가 엄청난 부귀영화를 누리는 위치에 있었던 것처럼 기록하였다. 하지만 그것은 그의 출가에 극적 요소를 더하고자 하는 의도에서 윤색된 것일 뿐 역사적 사실이라고 보기는 어렵다. 청년 싯닷따가 살던 환경은 흔히 이야기나 영화에 그려지듯 황제의 위용으로 격리된 장엄한 궁성이라기보다는 당시 인도 북부에 널리 퍼져 있던 작지만 개방적인 도시였다.

까삘라와스뚜는 인구가 집중되고 수공업과 상업 활동이 활발하게 전개되면서 과거 부족 공동체가 아니라 화폐를 중심으로 하는 생산

체계 위에서 개인주의가 활발하게 전개되던 당시 20여 개 도시 가운데 하나였다. 그렇지만 그 규모는 갠지스 강 중류 유역의 도시에 비해 상대적으로 작았기에 비교적 베다 시대의 전통이 남아 있었다. 까삘라와스뚜가 과두 공화제를 정부 형태로 삼았다는 사실은 당시 갠지스 유역의 거대한 군주국인 마가다 Magadha 나 꼬샬라 Koshala 등에 비해 상대적으로 카스트 구별이나 개인주의 등이 첨예하게 전개되지 않았음을 보여준다.

붓다는 타고난 초월 존재가 아닌 역사적 인간이다. 그 자신이 순수한 한 인간으로 남아 있기를 바란 사람이다. 따라서 그를 불교라는 한 종교의 창시자로 간주하는 것까지는 받아들일 수 있다. 하지만 그는 단 한 번도 자신을 절대자의 화신이라거나 절대적인 힘을 가진 신적 존재라고 주장한 적이 없다. 그런데 그가 진리를 발견하고 그것을 사람들에게 교화해나가는 역사의 흐름 속에서 그 뜻이 완연한 종교로 변하였다. 그리고 그 과정에서 종교의 껍데기에 둘러싸인 기득권 세력이 이상을 꿈꾼 이 역사의 인물을 자신들의 기득권을 수호해주는 신으로 만들어버렸다.

붓다의 제자들이 인간 붓다를 신으로 만든 것은 그를 통해 종교라는 울타리 안에서 누리는 기득권과 물질의 풍요를 함께 누리고자 했기 때문이다. 그러면서 불교는 붓다가 해서는 안 된다고 한 것까지 모조리 받아들이는 거대한 종교로 발전하였다. 그를 신으로 믿고 따르며 그에게 종속되려는 인간의 욕망 때문에 역사인 붓다는 이적을 하는 위대한 우주적 신으로까지 변했다. 그 과정에서 후대의 수없이 많은 사람이 신이 된 붓다에 열광하고, 그를 통해 자신들의 욕망을 소비했다. 우리는 역사적 인간 붓다를 죽이고 욕망의 대리인 붓다를 부여잡은 것이다.

붓다를 죽이고
신을 만들다

불교 신자들이 알고 있는 붓다의 일생은 대부분 그가 죽고 400년 정도 지난 뒤부터 지어져 신화로 윤색된 것이다. 그 대표적 경전이 아슈와고샤Ashvaghosha가 서사시로 쓴 『붓다짜리따Buddhacharita, 佛所行讚』다. 『붓다짜리따』 이후 신이 된 붓다의 모습은 예수나 단군 같은 위대한 영웅 신의 모습을 띠었다. 붓다가 신의 모습을 한 대표적인 예를 붓다의 출생 신화에서 찾을 수 있다.

붓다의 어머니 마야 부인이 마흔다섯 살 되던 해 어느 날 하늘에서 큰 코끼리가 흰 연꽃을 들고 옆구리로 들어오는 태몽을 꾼 뒤 아이를 가졌고 해산하러 친정으로 가는 도중에 룸비니에서 아기가 옆구리에서 태어났다는 식의 탄생담은 철저히 신화로 윤색된 것이다. 갓 태어난 아이가 일곱 발자국을 걸어가 오른손으로 하늘을, 왼손으로 땅을 가리키며 포효했다고 한다. 그때 한 첫마디 "세상 천지에 존재하는 것은 나(즉 자아)밖에 없다"라는 것도 철저히 신화로 윤색된 것이다.

신 숭배나 의례 행위가 중요한 것이 아니라 인간 중심의 이성적 행위가 중요하다고 강조하는 붓다의 가르침이 신화로 재현된 것이다. 이렇듯 신화로 윤색된 것은 당시 붓다가 이미 더는 역사에 실존했던 스승이 아니라 숭배의 대상, 즉 신으로 자리 잡았기 때문이다. 그래서 지금 우리에게 알려진 붓다의 생애는 대부분 신으로 변한 존재에 관한 것일 뿐 역사인 붓다의 실제 생애와는 아무런 관련이 없다. 그 안에 담긴 뜻이 붓다가 남긴 가르침과 같은지 다른지는 불교학에서 다루어야 하는 것으로 역사학에서는 관심 밖의 영역이다.

초기 불교에 비중을 가장 크게 둔 테라와다 Theravada, 上座部파의 경전에도 붓다의 생애를 다룬 기록은 거의 없다. 당시 제자들은 붓다가 설파한 세계와 만물의 이치를 이해하고 받아들이고 실행에 옮기는 문제만이 관심의 대상이었을 뿐이다. 그들은 붓다가 어떻게 태어나고 자라고 살았는지에는 아무런 관심을 두지 않았다.

붓다가 45년을 사는 동안 일거수일투족을 제자들에게 모두 보여 주었음에도 제자들은 그에 대한 기록을 거의 남기지 않았다. 그들은 오로지 붓다가 진리의 말씀을 전하는 초기 5년간에 대해서만 어느 정도 자세히 묘사하였다. 그의 삶 후반부 20년은 관심을 받지 못하여 기록이 거의 없다. 그들의 관심은 인간 붓다가 아니라 진리에 있었을 뿐이다. 그것은 제자들의 뜻이기도 했고, 붓다 자신의 뜻이기도 했을 것이다. 붓다나 제자 모두 그를 종교 교주로 숭배한다는 것은 생각할 수 없는 일이었다. 그것은 붓다의 진리를 전혀 깨닫지 못하는 무지몽매한 일이었기 때문이다.

하지만 붓다가 살아 있을 당시에 제자들이 그를 숭배하려는 경향을 보이지 않았다고는 할 수 없다. 그것은 사료를 뒤집어 독해를 해보면 알 수 있다. 붓다가 숨을 거둘 때 첫 번째로 제자들에게 던진 가르침은 자신을 의지처로 삼지 말고 담마를 의지처로 삼으라고 한 것이다. 그 이전에도 붓다는 여러 차례 자신을 보는 것은 곧 담마를 보는 것이고 담마를 보는 것은 곧 자신을 보는 것이라고 가르치면서 자신을 숭배할 조짐을 미리 차단하는 데 주력하였다.

그는 항상 자신의 가르침이 경험에 기초한 것이라고 했다. 그는 요즘 학계에서 자주 말하는 어떤 담론을 계발하는 데 별 관심을 기울이지 않았다. 오로지 자신이 살아온 역사에서 무엇인가를 끌어내려 했을 뿐이다. 자신은 철저하게 길잡이일 뿐 숭배 대상이 아니라는 것이다. 이는 붓다가 제자들이 자라난 곳의 역사적 환경을 잘 알았기 때문인 것으로 보인다. 그곳의 종교적 심성은 세상 모든 것에 생명력이 있고 본질이 있으며, 신에 따라 우주가 움직이나는 것을 기초로 하는 철저한 범신론에 기초했다. 이 범신론에 물든 제자들은 안타깝게도 스승이 우려했던 대로 스승의 뜻을 관철하지 못했다. 그들은 스승을 지켜내지 못한 것이다.

인간 붓다는 자신을 극복해야 한다고 여러 번 가르쳤지만 제자들에게 붓다는 위대한 스승을 넘어 경배해야 할 대상으로 자리 잡았다.

붓다 자신은 깨달은 이가 한 번 가버린 뒤에는 더는 존재하지 않는다고 여러 차례 강조했다. 한 번 꺼진 불이 다시 타오를 수 없다는 비유를 들어 자신의 최종 열반을 설명한 것은 결국 사라지고 없어지는 자신을 신과 같이 숭배하지 말고 자신의 가르침을 의지하고 따르라는 것이었다. 절체절명의 가르침이었다.

하지만 그것은 스승 붓다의 뜻일 뿐 제자들의 종교심은 달리 작동하였다. 그들이 나고 자란 사회의 현실은 신격체 만들기와 신 숭배 분위기가 절대적이었다. 그 안에서 길든 붓다의 제자들이 스승을 잃은 상실감에서 그를 의지하지 않고 홀로 선다는 것은 어찌 보면 공포일 수도 있다. 종교심은 공포심의 다른 말일 수도 있다.

갠지스 강 중·상류 유역을 비롯한 북부 인도 전역은 베다의 전통이 1,000년 동안 집적되어 내려온 곳이다. 그 안에는 모든 자연현상을 숭배하고 존경하는 인물을 성인으로 숭배하는 현상이 널리 퍼져 있었다. 모든 사회 행위의 중심은 소를 비롯한 짐승을 바쳐 희생시키는 희생제였다. 그러한 희생제는 지켜야 할 규정이 매우 자세하고 엄격하게 정해져 있으며 그 희생제를 주관하는 제사장인 브라만은 막강한 권한을 가졌다. 따라서 스승을 신으로 숭배하는 전통은 이곳에 무겁게 자리 잡은 상태였다. 붓다는 그러한 종교 행위에서 벗어나야 한다고 역설하면서도 제자들이 그 전통과 관행에서 쉽게 자유로워지지 않을 것임을 잘 알았다.

누구든 자신이 자라온 곳의 세계관에서 벗어나 전혀 다른 사고를 한다는 것은 극도로 어려운 일이다. 그것은 붓다도 마찬가지다. 그래서 붓다는 그것을 극복하기 위해 피눈물 나는 자기 정진을 했고, 그것을 제자들에게도 가르침으로 남긴 것이다. 진보는 그것이 부정하고 나선 전통으로 돌아가면서부터 파멸함을 붓다는 뼈저리게 알고 있었을 것이다.

지금 우리가 알고 있는 붓다의 삶에 대한 여러 기록은 대부분이 역사 속에서 활약한 한 인간의 행적이 아닌 신의 활약기다. 인간 붓다를 신 붓다로 만드는 작업은 붓다 사후 400년 정도가 지난 뒤 본격적으로 이루어졌다. 그들은 왜 인간 붓다를 버리고 신 붓다로 그를 신격화했을까? 그것은 그들이 붓다가 세운 해탈이라는 궁극을 추구하는 것이 아닌 세상 속에서 권력을 누리고자 했기 때문이다.

기원 초기 이미 기득권자가 된 붓다의 제자들은 인간 붓다를 신으로 만든 뒤 그를 통해 물질과 권력을 누렸다. 그들은 신 숭배와 의례 행위를 적극 도입하여 많은 신도를 끌어모을 수 있었다. 개인 차원의 정진과 그를 통한 깨달음을 중심으로 하는 무미건조한 세계관은 신도를 많이 모으기가 어렵다.

신도들을 교화하기 위하여 좀 더 쉬운 언어가 필요했다. 가장 쉬운 언어는 바로 그들에게 익숙한 신화였다. 따라서 그들은 신이 필요하였고, 스승 붓다는 바로 그 신이 되었다. 그러면서 불교는 왕실이나 상인 같은 정치·경제 권력과 밀착하였다. 그러고는 전형적인 기득권자가 되었다.

그런데 흥미로운 사실은 새로 만들어진 불교 교리는 석가모니 붓다의 가르침과 전혀 다른데도 석가모니 붓다를 죽이는 것이 아니라 역사적 실체와 완전히 다른 신으로 탈바꿈시켜버렸다는 것이다. 신이 된 붓다는 하늘을 나는 등 이적을 하는 존재가 되었다. 그리고 그 실체가 인간 붓다가 실제로 말한 것과는 완전히 반대인데도 새롭게 윤색된 가르침은 모두 역사적 붓다의 옷을 입었다.

이는 전형적인 힌두교의 세계관이 행하는 방식이다. 힌두교 안에서 절대적이라거나 근본적이라는 것은 존재하지 않는다. 지혜와 방편을 중시하는 힌두교 전통 고유의 상대주의적 세계관이 불교로 들어와 붓다를 전혀 다른 새로운 존재로 탈바꿈시켜버린 것이었다. 새로운 존재는 인도라는 상대주의의 종교적 공간에서는 모순적 존재가 아니었다. 그렇다고 그것이 종교 밖의 세계에서도 사실로 받아들여질 수는 없는 노릇이다.

나는 이 책에서 브라만 중심의 첨예한 계급 사회를 비판하고 의례 중심의 힌두교에서 벗어나 인간 회복을 위해 정진하는 사람들의 모임을 새로운 공동체로 세우려는 인간 붓다의 진보를 향한 역사성이 무시되어버린 것을 말하고자 할 뿐이다.

가면을 뒤집어쓴 붓다

　불교가 특정한 단일 정체성을 갖지 않는 것은 붓다나 그의 제자들이 인도 고대 사회의 문화에서 전적으로 벗어날 수 없어서 생긴 자연스러운 역사적 현상이다. 누구든 자신이 나고 자란 역사에서 완전히 벗어나 그 영향력 밖에서 살 수는 없다. 그것은 붓다에게도 마찬가지고 예수에게도 마찬가지고 공자에게도 마찬가지다. 붓다와 불교를 제대로 이해하기 위해 가장 먼저 고대 인도의 시간관과 역사관을 이해해야 하는 것은 이 때문이다.

　고대 인도인은 개인이나 나라가 구체적인 시간과 공간의 역사 속에서 실제로 어떤 활동을 했는지에 관심을 두지 않았다. 그래서 어떤 사람이나 정부가 구체적으로 무슨 일을 했는지를 기록한 사료가 없다. 이는 베다 시대부터 전해 내려온 유구한 힌두 전통이다. 고대

힌두의 세계관은 이러한 관점에서 해석해야 한다. 그것은 전형적인 순환의 개념으로 이루어져 있다.

우주적 시간은 끄리따^{Krita}, 뜨레따^{Treta}, 드와빠라^{Dvapara}, 깔리^{Kali}라는 네 가지 거대한 유가(기紀)로 이루어진다. 이 가운데 우리는 현재 마지막 기인 깔리 유가에 살고 있다. 이 깔리 유가가 파괴되면 한 기가 끝나고 또 하나의 새로운 기가 반복 순환한다는 것이 고대 인도인의 시간관이다. 이러한 자연의 생성, 죽음, 소생이라는 대우주 개념은 사회라는 소우주에서도 같이 전개된다. 그 안에서 인간의 역사가 변화하고 발전하는 것이다.

이는 궁극적으로 현재 우리가 사는 인간 세계가 이상 사회로부터 타락한 상태라는 것을 의미한다. 이 시간 개념은 결국 종교적으로 구세의 개념과 연결된다. 힌두교도 마찬가지고 불교도 마찬가지다. 둘 다 이러한 순환적 시간관에서 벗어나 궁극의 문제를 설파할 수는 없다. 그러한 맥락에서 불교나 힌두교 모두 악이 존재한다는 것, 화신이 나타난다는 것 그리고 그 화신이 악을 징벌한다는 세 단계의 순환적 섭리론이라는 큰 틀 안에서 자리 잡는다.

시간을 이렇게 한정적인 것으로 파악하지 않았기 때문에 고대 힌두는 구체적인 연대와 인물이 이 사회에서 분명하게 행위하는 기록으로서 사서를 저술하지 않았다. 그들의 이러한 시간 개념에서는 역사가 신화에 섞이는 전통이 발전할 수밖에 없었다. 그리고 그것은 신화와 전설로 가득 찬 서사시로 발전할 수밖에 없었다. 그 안에서 고대 힌두는 인간의 행위를 산문 형식으로 직접 묘사하는 대신 운문 형식으로 예술적 · 비유적으로 표현하였다. 따라서 정확한 연대라든지 사건의 전후 순서, 구체적 인물과 장소의 적시 같은 것은 그들의 세계관에서는 아무런 의미가 없었다.

역사의 주인공은 인간이 아니라 신이고 현실의 역사는 신이 계획한 영원의 세계로 나아가는 극히 하찮은 부분일 뿐이다. 그 전통 안에서 우리는 경전을 편찬한 사람이 어느덧 신화적 인물로 채색되어 있거나 신의 이름을 뒤집어쓴 채 사라져버린 모습만 본다.

좋은 예를 들어보자. 우리가 아는 고대 인도의 법전인 『마누법전Manu Smriti』은 마누Manu라는 사람이 편찬한 법전이 아니라 마누라는 선인仙人이 내려준 법전이라는 뜻이다. 우리는 실제 그것을 누가, 언제 편찬했는지 모른다. 고대 인도의 모든 경전이 그렇다. 그것이 인도인의 역사에 대한 인식이다.

초기 불교는 이러한 힌두 전통보다는 더 구체적이고 실제적인 시간관을 가지고 있었다고 한다. 하지만 크게 볼 때는 같은 전통 속에 있다. 조금 더 정확하게 말하면 붓다는 그러한 시간관을 극복하려 애썼으나 그의 제자들은 그 안으로 포섭되어버렸다. 붓다는 자신을 유한한 한 인간으로 보려 애썼으나 붓다의 제자들 눈에는 스승 붓다가 따타가따tathagata, 즉 그렇게 가는 자 즉 여거如去 또는 그렇게 오는 자인 여래如來일 뿐 구체적 자연인인 고따마 싯닷따는 아니었다.

그러한 맥락에서 붓다의 제자들은 이야기의 내용과 그것을 어떻게 재현할지에 애를 많이 썼다. 그것이 구체적이든 신화로 채색된 것이든 누가 덧붙여 윤색한 것이든 양식 문제는 별로 중요하지 않았다. 그 안에서 붓다는 스스로 자신을 안내자, 스승 정도로 자리매김하면서 깨달음이 아닌 믿음을 버리라고 가르쳤다. 그러나 제자들은 그 사실을 다른 이야기 양식으로 가르쳤다. 붓다는 모든 것에 대한 집착을 버리고 허탄한 것을 의례를 동원하여 신앙으로 만들지 말라 하였다. 그러나 제자들은 결코 그것을 따르지 않았다. 결국 그 신화 안에서 붓다는 허공을 가르고 하늘에 떠 있으며 몸을 꽃잎처럼 잘게 나누는 이적을 행한다. 그리고 모든 부문에 의례를 주관하는 대자대비의 신이 되어버렸다. 이로써 그가 가졌던 애초의 뜻은 신과 함께 사라져버렸다.

이는 붓다의 제자들이 거대한 힌두 전통 안으로 다시 포섭된 결과다. 그렇게 변화된 붓다가 한국 땅으로 들어왔고, 한국 사람들은 그러한 붓다를 신으로 숭배한다. 한 뛰어난 인간의 가르침에서 우주의 절대 진리를 포괄하는 명실상부한 진리로 자리 잡은 불교는 역사적 인간 붓다의 실체적 진실이나 그가 펼치고자 한 뜻과 관계없이 신 붓다의 가르침으로 윤색되었다. 그리고 신이 된 인간의 권위에 의탁하여 사회 현상으로서 발전해나갔다. 그러면서 많은 담론이 불설佛說-비불설非佛說 논쟁으로 이어져오고 있다. 붓다가 분명하게 설법하지 않은 것은 물론 분명하게 해서는 안 된다고 한 것도 불설로 인정하고자 하는 경향이 불교 전통의 중심이 되어왔다.

어차피 불교는 붓다를 단순한 스승이 아닌 특정 종교의 신앙 대상으로 변모시켰다. 불교는 그 안에서 그의 권위와 통찰에 의탁하고 있다. 붓다의 합리성보다 인도 전통의 융합성이 강력한 영향력을 보

인 것이다. 이러한 성격은 인도에서 힌두교와 적극적으로 융합한다. 그리고 인도 바깥에 나가서도 토착 종교와 적극적으로 융합하도록 하는 기저로 작용하였다. 불교는 스리랑카, 미얀마, 타이, 티베트, 중국, 한국, 일본 등 어느 한 곳에서도 기존의 종교와 충돌한 역사가 없다.

따라서 근본이 없는 불교에서 어떤 부분을 정통으로 받아들이고 어떤 부분을 인정하지 못하다고 주장하는 것은 불교 자체를 이해하지 못한 소산이다. 인도에서 7세기 이후 크게 발달한 성性의례와 딴뜨라Tantra를 중심으로 생산을 추구하는 밀교 불교는 대승 불교가 밀교 힌두교와 만나 본격적으로 힌두교화된 것이다.

고려 때 한국 땅으로 들어와 주술, 점복, 의례는 물론이고 출가를 부정하고 결혼과 재가를 주장하며 술이나 고기, 여자를 마다치 않는 불교인 밀교 불교를 부정해야 한다면 대승 불교도 마찬가지로 부정해야 한다. 불교의 힌두교화가 대승 불교 때 본격적으로 시작되었기 때문이다. 붓다가 그렇게 분명한 어조로 하지 말라던 탑, 주술, 의례, 신 등을 숭배하는 것은 그 어떤 이유보다도 힌두교와 융합했기 때문이다.

술과 고기, 여자까지 취하는 밀교 불교를 받아들인다면 그 이상 어떤 형태의 불교도 받아들이지 못할 이유가 없다. 왜색 불교라고 해서 배척해서는 안 된다는 것이다. 무속 불교라 해서 쓸어내야 하는 것이 아니라는 의미다. 사원에 버젓이 자리를 차지한 무속 전통의 산신각이나 명부전을 척결해야 할 대상으로 삼는다면, 모든 사원에서 불상과 탑을 없애야 한다. 그러면 이내 불교 자체가 없어진다.

    결국 '불교 유신' 같은 주장은 있어서는 안 된다. 유신이라면 무엇인가를 근본으로 삼는다는 의미다. 그런데 무엇을 근본으로 삼는다는 것인가? 붓다의 말씀을 근본으로 삼는다는 것인가? 그러면 불교를 통째로 부정하는 것이 된다. 불교는 정체성의 종교가 될 수도 없고 되어서도 안 된다. 물에 술 탄 듯, 술에 물 탄 듯 존재하는 것이 불교의 방식이다.

2장

급진적
진보의
길을 걷다

붓다
탄생의 시대

인도의 역사는 구석기와 신석기 시대를 거쳐 이른바 세계 4대 문명 가운데 하나라는 인더스 문명이 발생하면서 본격적으로 전개된다. 인더스 문명이 몰락하는 기원전 1,500년경 지금의 뻔잡 지역에 말을 탄 일련의 무리가 서아시아로부터 아프가니스탄을 거쳐 대거 이주해 들어온다. 바로 아리야인이다.

그들은 기원전 6세기 갠지스 강 중·상류 유역에 정착하여 농사를 짓고 교역하면서 도시 문명을 발전시킬 때까지 1,000년 동안 이동하면서 살았다. 그들에게 가장 중요한 재산은 소였다. 소를 확보하기 위한 부족 사이의 싸움이 주요한 사회적 행위 가운데 하나였다. 불교는 아리야인이 몇몇 토착 원주민과 섞이는 과정을 거치면서 건설한 갠지스 도시 문명과 관련이 깊다.

아리야인의 세계관은 그들이 남겨놓은 인도-유럽어로 된 가장 오래된 저작물 베다를 통해서 알 수 있다. 베다는 뻔잡에서 출발한 아리야인이 갠지스 강과 야무나 강 사이의 중류 지역을 넘어 인도 동북부까지 진출하는 사이에 편찬한 광대한 양의 문헌이다.

초기 베다인 『리그베다$^{Rig\ Veda}$』는 주로 신들에 대한 찬가를 모아놓은 것으로 이를 통해 우리는 당시 아리야인의 신개념을 알 수 있다. 지금 그것을 기본으로 해서 신관념을 볼 때 가장 큰 특색은 자연을 지배하는 실체적인 힘에 대한 신앙이다. 『리그베다』의 시인들은 하늘, 태양, 새벽, 석양, 바람, 불, 물, 산 같은 여러 가지 자연물과 자연현상을 신비로운 힘의 출현이라 보고 찬양하였다. 이 시대에는 특정한 신이 최고 지위에 올라서 다른 신들을 지배하는 경향도 보이지 않는다.

아리야인은 목축을 주업으로 이동 생활을 하는 사람들이었다. 따라서 그들의 생활은 바람이 불고 비가 내리고 해가 뜨고 달이 뜨는 것 같은 자연현상에 매우 의존적일 수밖에 없었다. 그렇지만 그들이 그러한 자연현상의 본질에 대해 확실히 알 수는 없었다. 그래서 그들은 이러한 자연력에 사람이나 동물의 속성을 부여함으로써 그것들을 마치 살아 있는 듯이 인격화하고 경외하였다.

『리그베다』에 나오는 신들은 거의 다 이런 종류의 신이다. 당시에 가장 지배적인 신의 숭배 양식은 기도문을 외우고 제물을 바치는 것이었다. 초기 베다 시대에 신에게 바치는 기도문은 개인적으로뿐 아니라 집단적으로도 만들어졌다. 원래 모든 부족이나 씨족은 자신들의 집단만이 특별한 신을 숭배하는 것에서 출발하였다.

기도문이 집단으로 이루어질 때는 그 집단에 속한 모두가 일제히 신에게 그 기도문을 암송하였다. 이러한 행위는 제사에서도 마찬가지였다. 초기 베다 시대의 의례에서는 의식이나 제사 등이 수반되지 않았고 주문의 마력이 후기 베다 시대만큼 중요하게 여겨지지 않았다. 그들이 신을 숭배하는 이유는 비참한 현실의 종말을 갈구한다거나 심령의 고취를 추구하는 데 있지 않았다. 단지 그들은 신에게 주로 자식이나 소, 음식, 부귀, 건강 등을 기원했을 뿐이다.

아리아인은 계속 동진하면서 후기 베다 시대인 기원전 1,000년경부터 갠지스 강 상류 평원을 중심으로 서서히 정착하기 시작하였다. 이 시대 사람들도 앞 시대 사람들과 마찬가지로 물질적 이유로 신을 숭배하였다. 그러나 숭배 양식은 상당히 변화하였다. 찬가 암송이 계속해서 시행되긴 했지만 더는 앞 시대와 같이 가장 주된 숭배 양식이 되지는 못하였다.

이 시대에 가장 중요하게 떠오른 것은 제사였다. 제사 숭배는 이 문화의 초석이 되었고 허다한 의식과 신앙 형식이 거기에 수반되었다. 제사의 성격은 공공적 측면과 가정적 측면을 모두 포함하고 있었다. 곡물, 우유, 기름, 소마 즙 등과 산양, 소 등을 희생물로 바쳤다. 제사는 희생물을 바치는 의식을 정점으로 하는 형태였다.

이 시대에는 제사가 대형화되면서 제사를 대하는 사고도 크게 변화하기 시작했다. 『리그베다』 시대까지 제사는 신들에게 공물을 바치고 결과를 기대하는 비교적 단순한 성격이었다. 하지만 후기 베다

시대가 되면서 제사는 자연계의 운행을 지배하고 우주 만물을 지배한다는 사고로 이어졌다. 제사는 소우주로 우주는 대우주로 대응하게 되었다. 따라서 소우주인 제사를 관장하는 것이 곧 대우주를 지배하는 것으로 인식되었다.

제사장은 자연계의 움직임과 변화를 제사 안에서 상징적으로 연출하였다. 이로써 제사장은 조물주 쁘라자빠띠^{Prajapati}와 동일시되었다. 제사는 우주에서 가장 완전한 존재가 되었고 제주는 그 제사를 통해 더욱 나은 세상으로 윤회하는 것을 비롯한 모든 물질적·영적 소망을 갈구하게 되었다. 이렇듯 후기 베다 시대의 제사장에게는 단순한 제사 집행이 중요한 것이 아니라 제사와 우주의 대응 관계를 제대로 알면서 그것을 행하는 것이 중요한 것이었다.

의례 만능주의와 기계적 의례주의가 성립되었다. 그 속에서 브라만 제사장은 세력을 독점했다. 제사가 중요시되면서 소를 대규모로 살생했는데 이는 농경 생활에 큰 타격을 주었다. 도살된 소는 식량으로 사용되면서 매우 귀히 여겨졌다. 제사를 주관하는 브라만은 그 대가로 보수를 충분히 받았다.

결국 베다 시대 말기에 들어서면서 사제의 권세는 물론 제사와 의식 자체에 대한 반발이 강하게 일어났다. 그러한 현상은 불교가 발생하기 이전인 기원전 600년경에 우빠니샤드^{Upanishad}의 편찬으로 나타났다. 우빠니샤드는 당시에 널리 거행되던 제사의 의미와 방식 그리고 제사에 수반되는 의식 등에 반발하여 그것을 비판하였다. 그리고 그 대신 올바른 믿음과 지식의 가치에 역점을 두었다. 따라서 의례라는 외면적이고 물질적인 것보다 자기 본질과 우주의 본질 같은 내면적이고 영적인 것에 대한 인식의 필요성이 크게 대두하였다.

이러한 심령주의를 주도하는 사람들은 자기 심층부에 불변의 것이 존재함을 믿었다. 그들은 그것을 자기의 본질이라 생각하여 그 당시까지 단순히 '자기'의 의미로 사용되던 '아뜨만atman'이라는 용어를 '자기의 본질'이라는 뜻으로 확대 적용하였다. 그리고 철저한 내성內性으로 자기의 심층부에서 발견한 '자아'라는 존재는 곧 만유의 궁극적 원리인 브라흐만brahman과 같이 인식되었다. 자아와 우주는 본질에서 같다는 의미다.

그것은 제사를 의미하는 산스끄리뜨어 '야쟈yajna'의 어근 '야즈yaj'가 뜻하는 '성화聖化'를 보아도 잘 알 수 있다. 다시 말해 고대 베다 시대 사람들이 인식한 제사는 속된 것을 신성하게 하는 수단이므로 인간을 성聖의 세계와 결합하는 역할을 하였다. 베다 종교에서는 인간 성화를 제사를 통해 이루는 것으로 보았다. 하지만 우빠니샤드는 아뜨만이라는 자아와 브라흐만이라는 우주적 본질의 일체화로 이루어야 한다고 주장하였다.

베다와 우빠니샤드 모두 본질과 성화라는 부분에서는 같고 제사-집단과 깨달음-개인이라는 부분에서는 다르다. 그리하여 베다 시대가 끝나가고 갠지스 문명이 발생할 무렵 현상 세계는 변화무쌍하고 그 안에는 불변하는 존재가 항상 본질로 자리 잡고 있으며 그것이 모든 만물의 근본이라는 사상의 원리가 매우 중요한 세계관으로 세워졌다. 그리고 이것이 힌두교 관념의 근간이 되었다. 이 본질적 세계관이 사회 내에 확고하게 자리 잡을 무렵 불교가 발생한다.

새로운 사회를 꿈꾸다

우빠니샤드의 반反제사적 자아 중시는 감성주의에서 합리주의로 변화하였음을 의미한다. 이전에는 사제가 주관하는 대규모 제사로 일정한 기계적 의례에 의존하는 집단적 종교 행위를 행하였다. 그러나 새로운 시대에는 의례 형식이나 관습에 얽매이지 않는다. 궁극에 대한 방편으로서 제사의 존재 가치가 심각하게 도전을 받았다. 그 자리를 요가, 명상, 고행, 은총 등으로 대체해야 한다는 새로운 문제가 제기되었다. 이는 종교의 궁극에 관하여 개인이 집단을 주체적으로 대체하는 것으로 방향이 바뀌었음을 의미한다. 따라서 새로운 시대의 종교인은 집단을 이끄는 사제가 아닌 스스로 선택한 제자들과 함께 지혜를 찾는 스승이다.

사회에서는 여전히 이전부터 내려오는 브라만 사제가 가르침을 설파하는 주체이고 신분에 따라 제사 참여 여부가 결정되는 것과 같은 집단적이고 의례적인 종교 행위가 대세를 이루었다. 그러나 끄샤뜨리야를 중심으로 의례와 집단이 아닌 개인과 지혜를 추구하는 신비적 합리주의 신앙 운동이 일어났다. 이러한 현상은 사회 안에 있는 많은 사람에게는 가치관의 혼돈으로 이어졌고, 상당한 파문을 일으켰다. 이러한 현상이 가장 심하게 일어난 곳, 즉 반反제사의 경향이 활발하게 일어난 곳이 불교가 발생한 갠지스 중·상류 유역이다.

제사를 중심으로 하는 베다 종교에 대한 반발은 다양하게 나타났다. 우빠니샤드, 불교, 자이나교Jainism, 요가Yoga, 상키야, 베단따Vedanta 등 서로 다른 다양한 세계관이 나타난 것이다. 불교 경전에 따르면 서로 다른 사상이 62개나 나타났다. 이는 철기 문명의 발전에 따른 기존 세계관의 해체와 새로운 세계관의 등장이라는 역사적 해석으로 볼 때 중국 춘추전국시대 제자백가의 등장과 같은 사회 현상이다. 이들 가운데 정도 차이는 있지만 제사 중심의 물질세계를 부정하고 그 맥락에서 불살생, 불쾌락, 무소유 등의 입장을 견지하며 윤회, 업 사상 등을 정교하게 하고 내세를 강조하며 궁극적으로 영혼의 해탈을 추구하는 사상이 크게 대두하였다.

이들은 사회적으로는 브라만 계급의 독점적 위치에 반발하고 그들을 중심축으로 하는 카스트 제도를 부정하였다. 이러한 여러 가지 새로운 종교 사상은 크게 두 가지 방향으로 수렴되었다. 하나는 베다 종교의 사회 중심 전통은 유지하되 제사보다는 명상과 수행 등 정신적 면을 추구하고자 하는 것이었다. 또 하나는 사회에서 완전히 벗어나 철저히 수행에만 몰두하고자 하는 것이었다. 전자는 힌두교를 혁신하자는 뜻이고, 후자는 힌두교를 버리고 새로운 것을 만들자는 뜻이다. 우빠니샤드는 전자에 속하고 불교나 자이나교는 후자에 속한다.

그래서 나중에 붓다로 알려진 불교의 창시자 고따마는 베다에 기반을 둔 힌두교에 대한 심한 회의에서 시작한다. 그는 가정과 사회를 버리고 걸식 행자의 생활로 들어가 6년여 동안 다양한 시도를 해본 끝에 가야^{Gaya}에서 깨달음을 얻은 후 붓다가 되었다. 사르나트^{Sarnath}에서 초전법륜^{初傳法輪}을 시작으로 여생을 스스로 깨달은 진리의 법을 설파하고 다녔다. 그리고 점차 주위에 그를 중심으로 하여 사회를 떠난 사람들이 모이면서 불교가 시작되었다. 그렇다면 그의 진리는 힌두교에 철저히 반^反하는 세계관이어야 한다. 그의 세계관은 힌두교와 어떻게 다른가? 일단 개략적으로 살펴보자.

붓다가 깨닫고 제자들에게 설파한 세계관은 크게 사법인^{四法印}, 사제^{四諦}와 팔정도^{八正道}, 연기^{緣起} 세 가지로 정리할 수 있다. 이 가운데 사법인은 붓다가 초전법륜 때 제자에게 설파한 다음과 같은 네 가지 진리를 말한다.

첫째, 모든 것은 변화하기 때문에 모든 행위는 덧없다^{諸行無常}. 둘째, 따라서 모든 것에는 영원한 아뜨만이 없다^{諸法無我}. 셋째, 그런데도 그 법을 모르기 때문에 모든 것이 고통스럽다^{一切皆苦}. 넷째, 그러한 번뇌의 불꽃이 꺼지면 닙바나^{nibbana}(산스끄리뜨의 니르와나^{nirvana})에 이른다^{涅槃寂靜}.

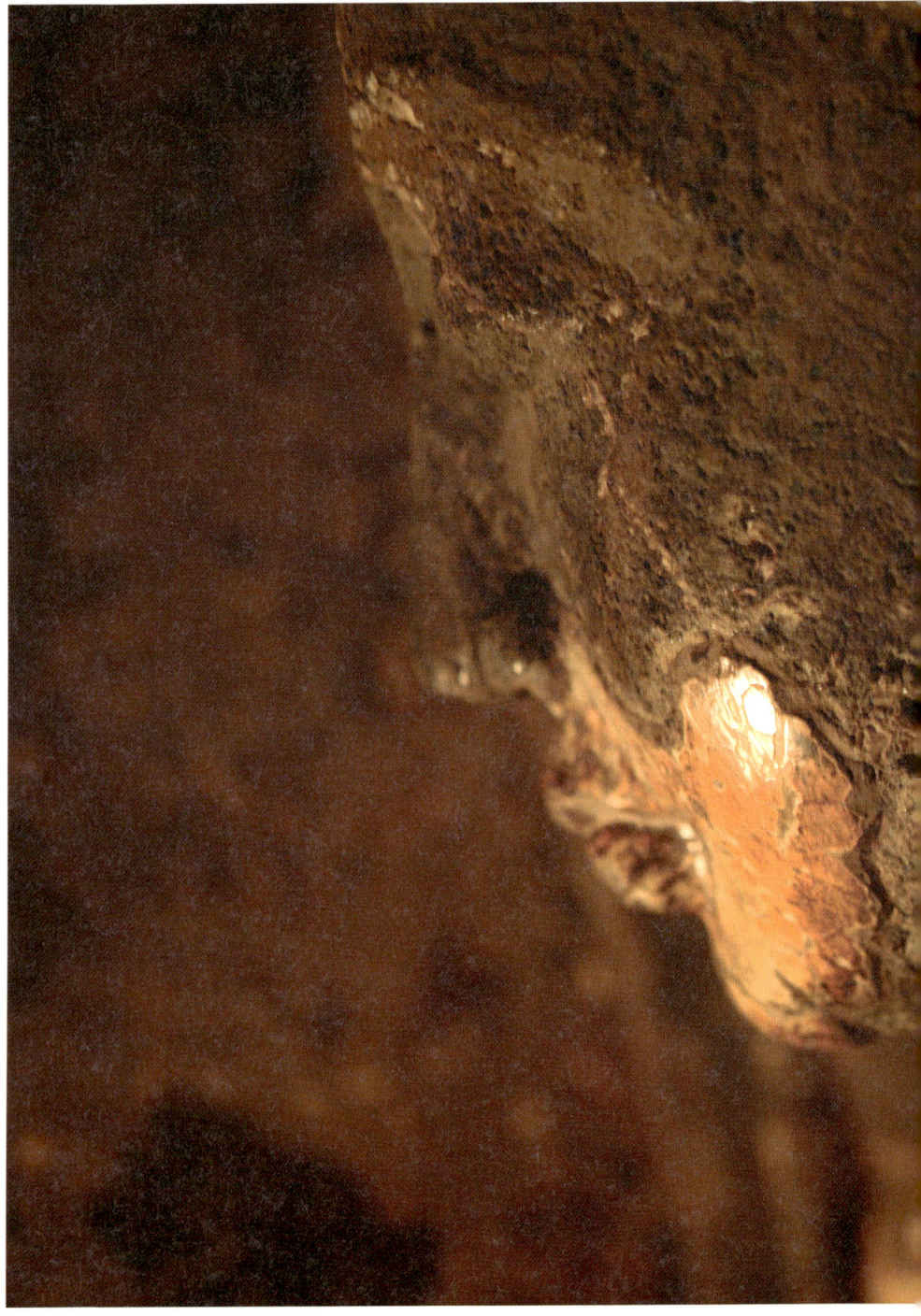

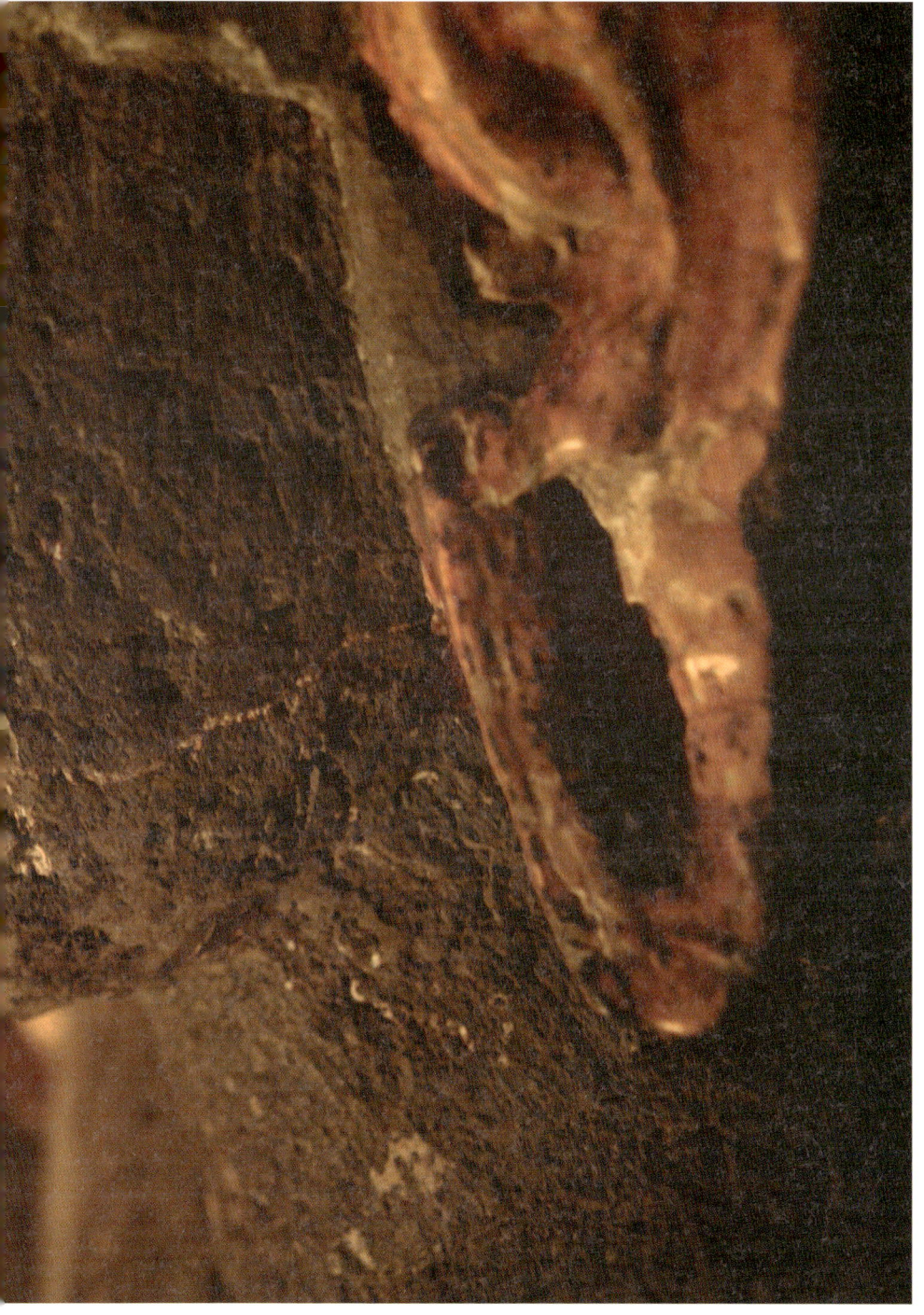

다음으로 사제-팔정도는 모든 것이 고통^{苦}이고, 그 원인은 집착^{集}이며 그것을 끊어 없애야^{滅} 하는데 오로지 바른 길^{道}을 가는 것이야말로 네 가지 진리다. 그 진리는 여덟 가지 길을 통해서만(八正道, 올바른 견해, 올바른 사고, 올바른 언어, 올바른 행동, 올바른 사명, 올바른 노력, 올바른 생각, 올바른 명상) 도달할 수 있다.

다음으로 연기^{緣起}는 모든 것이 다른 것과의 관계 속에서 생성하고 소멸하므로 어떠한 사물이든 혼자 존재할 수는 없고 다만 원인과 결과로 존재한다는 것을 말한다. 이것이 붓다가 깨달은 진리의 핵심이다. 이제 이것이 당시 힌두교의 중추와 얼마나 그리고 어떻게 다른지 살펴보자.

어느 경우에나 그렇듯 붓다의 사상 또한 당시 사상가들과 공유하는 바가 많다. 한국의 학계에는 당시 힌두교의 범주 안에 들어 있으면서 재가에 무게를 두지 않고 유랑 생활을 하는 일련의 출가자들에 대한 연구가 많이 알려지지 않았다. 그래서 붓다의 사상이 매우 독특한 자신만의 예지와 직관에 따른 것으로 이해되는 바가 많은데 사실은 그렇지 않다.

붓다가 살던 북부 인도에서는 매우 많은 종교 사상가가 활동하였다. 그들은 슈라마나$^{shramana,\ 沙門}$, 빠리브라자까^{parivrajaka}, 빅슈^{bhikkshu}, 야띠^{yati}, 산냐신^{sannyasin} 등으로 불리던 걸식 유행자들로 모두 자신이 속한 세상을 버리고 작은 집단을 이루어 유랑하면서 깨달음을 추구하였다. 나중에 붓다로 알려지는 고따마 싯닷따도 그중 한 사람이다. 고따마를 포함한 그들은 당시 세상이 직면한 문제의식을 공유했다.

붓다가 외쳤다는 사제가 그 좋은 예다.

　세상이 고통이고, 그것은 욕망이 모여 생기는 것이며, 그것을 벗어나는 길이 있는데 그 길을 찾아야 한다는 네 가지 진리 가운데 앞의 세 가지는 당시 붓다가 다른 여러 출가자와 공유했던 문제의식이었다. 다만 다른 기세자棄世者들이 극단적인 고행이나 추론 등을 통해 네 번째 길을 찾으려 한 반면 붓다는 중도로서 팔정도를 찾았을 뿐이다. 그래서 붓다의 진리의 핵심은 중도에 있다.

　기원전 6세기 인도 동북부 지역에서는 1,000년의 유목 생활을 끝내고, 농경 정착이 광범위하게 일어나 도시, 교역, 계급(카스트), 국가, 전쟁 등이 시대의 화두로 떠올랐다. 베다 시대가 끝나던 기원전 6세기경에는 철제 농기구가 광범위하게 전파되었다. 그리고 그것을 바탕으로 토지가 크게 확장되었으며 그 위에서 생산량이 많이 늘었다. 많이 늘어난 인구를 바탕으로 농업이 발달하고 상업과 수공업이 발달하면서 도시 문화가 융성하였다.

　사회 안에서는 여전히 전대부터 내려오는 브라만 사제가 모든 도덕과 진리의 기준을 정하는 주체이고 신분에 따라 제사 참여 여부가 결정되는 집단적이고 의례적인 종교 행위가 여전히 대세를 이루었다. 하지만 새로운 권력을 요구하는 정치 권력인 끄샤뜨리야와 농업과 교역을 통해 생산 주체가 된 바이샤의 종교 기득권자인 브라만에 대한 도전은 심각하였다.

　그들의 운동은 제사 중심의 집단이 아닌 개인 주체의 깨달음을 추구하는 신비적 합리주의 종교 운동이었다. 그 중심에는 새로운 사회에 대한 갈망이 있었다. 그 갈망 속에 붓다가 있다. 따라서 붓다는 사회를 신랄하게 비판하면서 궁극의 진리를 찾으라고 주창한 여러 스승 가운데 하나로 보아야 한다. 그가 느닷없이 병든 사람, 노인, 걸인 등을 보고 인생의 고통에 괴로워하면서 궁궐을 떠났다는 말은 소설에나 나오는 이야기다. 그는 새로운 사회를 꿈꾸며 시대의 소명을 지닌 역사인이었다.

붓다가 '기세棄世'를 최고 가치인 열반의 전제 조건으로 삼은 것은 기존의 사회 체계, 즉 브라만을 정점으로 하는 카스트, 의례, 종교 체계에서는 인간 중심의 세상을 건설하는 것이 불가능하다고 여겼기 때문이다. 그래서 붓다의 새로운 세계관에는 기존의 힌두교 세계관의 중심인 신은 물론이고 주술, 의례, 형식 등이 차지할 여지는 전혀 없었다. 그들이 추구하는 것은 오로지 합리적 태도를 추구하는 것이었다.

사회로부터의 해탈

 붓다가 활동하던 기원전 6세기 북부 인도에는 앞선 1,000년 동안의 베다 시대 유산이 강하게 남아 있었다. 당시 제1의 생업인 유목에서 소는 가장 으뜸가는 재산이었다. 소를 더 많이 잡으려는 전쟁은 이 시대의 가장 중요한 사회 행위였다. 따라서 전쟁에서 승리하게 해주십사 기도하면서 올리는 제사는 가장 중요한 종교적 행위였다. 소를 잡아 죽이는 희생제를 주관하는 브라만은 거기에 성스러운 힘을 부여하였다. 그러면서 희생제에 바치는 소의 숫자가 갈수록 많아졌다.
 소 희생 제사는 일차적으로 신앙의 표현이다. 하지만 공동체를 결속하고 그 안에서 공동체의 힘을 배가하는 기능 또한 매우 중요하다. 제사의 성화 기능은 서서히 전개되는 농경 정착과 사회 발전 속에서 중요한 사회적 역할을 하기 시작했다. 이 시기에 접어들면서 잉여 생산 규모가 커지고 이를 기반으로 하여 통치자로서 끄샤뜨리야의 지위가 크게 높아지자 제사가 끄샤뜨리야 가계, 즉 왕권에 신성성을 부여하는 정당화 역할을 담당하게 된 것이다. 이러한 과정을 거쳐 제사는 주요 사회적 이데올로기가 되었다. 당시 막 생기기 시작한 여러 영역 국가의 왕들이 제사를 크게 후원한 것은 이러한 차원에서였다.

기원전 7~6세기 영역 국가의 권력이 점차 강해지면서 왕이 소 희생제를 주관하는 브라만의 조언에 따라 소 수백, 수천 마리를 제사용으로 도살하는 일이 빈번하게 일어났다. 경전에 따르면 어떤 제사에 1만 4,400마리나 되는 소가 바쳐졌다고 할 정도다. 1만 4,400이라는 숫자가 십이진법에서 $12 \times 12 \times 100$이라는 상징의 의미가 있기 때문에 정확하게 그 숫자만큼 소가 희생되었다고까지 생각할 필요는 없다. 하지만 대단히 많은 소가 희생된 것만은 사실일 것이다.

그러면서 종교적으로 브라만의 사회적 지위는 갈수록 강화되었다. 또 그가 주관하는 제사는 새로운 문명의 뿌리를 흔드는 원인으로 작용하였다. 새로운 문명은 농사에 기반을 두었고, 농경 확대는 철기와 소 없이는 성립될 수 없었기 때문이다.

결국 너무나 많은 소가 희생되면서 소 희생제에 대한 반발이 여러 곳에서 터져나왔다. 본격적으로 시작된 농경은 잉여 생산을 가져왔다. 이것이 교환 경제로 이어지면서 전쟁에서의 전리품 획득과 제사에서의 공물 수합을 분배하던 전 시대 경제는 이제 농업 경제로 대체되었다. 그에 따라 새로운 생산 수단의 중심인 소는 희생되어 없어지면 안 되는 중요한 존재가 되었다. 그러면서 제사의 존재 가치에 대한 사상적 도전이 심각하게 일어났다.

그것이 우빠니샤드 운동을 비롯한 여러 종파가 발생한 배경이다. 제사라는 전통을 거부한 새로운 시대의 사상가들은 의례와 관습 그리고 집단 대신 개인의 지혜를 주장하였다. 제사 행위 안에서는 여전히 부족 중심의 집단 신앙 행위가 주를 이룰 뿐 개인적 깨달음 같은 개인 차원의 종교 행위는 아직 일정한 자리를 차지하지 못하였다. 그래서 그들은 개인 자아의 발견을 주창하였다. 그들은 집단을 이끄는 종교인 사제가 아닌 스스로 선택한 제자들과 함께 진리를 찾는 스승이었다.

사회 내부에서는 여전히 전대부터 내려오는 브라만 사제가 가르침을 설파하는 주체이고, 신분에 따라 제사 참여 여부가 결정되는 것과 같은 집단적이고 의례적인 종교 행위가 대세를 이루었으나 브라만의 독점적 본질주의에 반대하는 합리주의적 신앙 운동이 일어난 것이다. 크게 볼 때 브라만 주도의 카스트 사회 안에서 제사가 아닌 깨달음을 추구하자고 하는 우빠니샤드의 스승들과 브라만 중심의 사회를 완전히 부인하여 세계 바깥에 새로운 공동체를 세운 일련의 기세자棄世者들이 그러한 움직임을 이끌었다. 붓다는 후자에 속했다.

붓다의 새로운 세계관은 결국 생산을 담당하는 계급이 권력을 차지함으로써 생산과 권력의 관계가 비로소 정상적으로 만들어져가던 시기에 구시대의 전통, 즉 비합리적 믿음에서 헤어나지 못한 인민에게 합리적 사고로 전환해야 함을 역설한 것이다. 분명하지도 않은 다음 세상으로 가기 위해 오늘 굶는 사고에서 벗어나야 한다는 것이 붓

다의 사회 철학이다. 붓다에게 내일이 중요하지 않아서가 아니라 비합리적이고 집단적인 방법으로 추구하는 내일은 거짓이기 때문이다.

붓다는 궁극이란 개인의 합리성에서 찾는 것이고 지금 여기에서 찾는 것임을 명확히 했다. 붓다의 합리성은 서양 종교와 후대 대승불교의 핵심 개념인 '믿음'에 대한 거부에서 비롯된다. 붓다는 보지 않는 것에 대한 믿음이 아니라 보는 것을 알고 깨달아 확실하게 하는 것을 가장 주요하게 여겼다. 그것은 사상적으로는 브라만 본질주의에 대한 반발인데 그 근저에는 인민이 오랜 전통에 물들어 브라만에게 빼앗기고, 억눌려 사는 것에 대한 반발이 깔려 있다.

붓다는 비관주의자다. 그런데 그 비관은 삶에 대한 것이 아니라 세상에 대한 것이다. 그가 추구한 닙바나(열반)는 반드시 세상을 버리는 것, 즉 출가를 전제 조건으로 삼는 것이다. 세상을 버리지 않으면 궁극인 닙바나를 추구할 수 없다. 이를 다른 말로 하면 세상 안에 살면서는 아무 가치도 찾을 수 없다는 것과 같다. 즉 세상은 그 자체로 고통이다. 그래서 그는 재가를 가치 없는 것이라고 분명히 하면서 깨달음을 추구하는 사람들은 가족생활은 물론이고 우정이나 사랑을 포함한 모든 인간관계까지도 버리라고 요구하였다. 즉 깨달음을 추구하는 사람은 모든 종류의 세속적 즐거움을 버려야 한다고 요구한 것이다. 절대적인 고립과 고독으로 물러날 것을 전제 조건으로 삼은 것이다.

붓다는 세상을 포기하고 출가해야 함을 『디가 니까야 Digha Nikaya, 長部 니까야』의 「사만냐팔라 숫딴따 Sāmnnaphala Suttanta, 沙門果經」에서 이렇게 말하였다.

> 재가의 삶은 장애물로 가득 차 있는 욕정의 길이다. 모든 세상일을 버린 자의 삶은 공기와 같이 자유스럽다. 세상에 거주하는 자가 완벽함 안에서 완전무결하게 충만을 영위한다는 것은 얼마나 어려운 일인가. 머리카락과 수염을 자르고 황색 옷을 걸치고 재가에서 출가로 나아가자.
>
> ─『디가 니까야』 2. 41

붓다에게 재가 생활은 고^苦와 고를 연결해주는 끈의 의미밖에 없었다. 붓다는 『숫따니빠따 Sutta Nipata』의 「각가위사나숫따 Khaggavisanasutta, 코뿔소 외뿔의 경」에서 이렇게 말하였다.

> 물에 사는 물고기가 그물을 찢는 것처럼 모든 장애를 끊어버리고, 불꽃이 불탄 곳으로 되돌아가지 않는 것처럼 코뿔소의 외뿔처럼 혼자서 가라.
>
> ─『숫따니빠따』「각가위사나숫따」 28

결국 붓다의 길은 관념적으로나 사회적으로나 급진적인 종교로 분류된다. 이는 불교에서의 궁극인 닙바나가 관념적으로 전체 물질세계로부터의 완전한 초월을 요구할 뿐만 아니라 사회적으로도 현재 속한 정치-경제-사회-문화 체계의 완전한 포기를 요구하기 때문이다.

닙바나는 해탈, 즉 윤회로부터 풀어서^解 벗어나는^脫 것이다. 여기서 윤회는 이 세상에서의 행위가 인^因이 되어 그것이 과^果로써 응보^{應報}를 받아 다음 세상에 태어나는 것이다. 그래서 끝없는 윤회에서 벗어나기, 즉 해탈하기 위해서는 윤회 행위의 뿌리가 되는 인을 없애야 한다. 이 인을 붓다는 이 세상에서의 사회 행위로 인식했다. 따라서 그의 궁극인 닙바나를 추구한다는 말은 이 사회를 부정하고 그로부터 철수해야 한다는 것이다.

사회에 머물러서는 아무것도 이룰 수가 없다. 따라서 붓다의 가르침을 따른다는 말은 곧 조건 없이 세상을 버리고 떠나야 한다는 것을 의미한다. 그래서 불교도라 함은 반드시 출가자여야 한다. 원칙의 논리로는 불교도인 재가 신자는 존재할 수가 없다. 재가 신자는 닙바나를 추구하지 않기 때문이다. 따라서 불교의 초기 출가 수행자들은 철저히 혼자였다. 주로 깊은 숲이나 큰 나무 밑이나 동굴에서 기거하였다. 그들이 주로 찾아가는 곳은 시체 유기장이나 화장터였다. 사회와 완전히 격리된 것이다. 이들에게는 모든 종류의 경제 행위가 금지되었을 뿐만 아니라 생산을 위한 최소한의 노동도 허락되지 않았다. 경제 행위가 사람과의 관계를 만들고 그것이 바로 윤회의 인을 만든다고 인식하였기 때문이다.

그래서 그들은 바리때와 필요한 최소한의 기본 옷가지 그것도 죽은 사람에게서 구하거나 여러 조각을 이어 누더기로 만든 것과 기본 약품 정도만 소유할 수 있었다. 그 외에는 어떤 형태의 재산도 소유가 금지되었다. 하지만 『테라가타^{Theragatha, 長老偈}』에는 "승려들이 금,

은, 전답, 수초지, 노예, 종복 등을 재가 신자들에게서 받게 될 때가 올 것"이라는 부처의 예견이 나온다. 이것은 『테라가타』가 형성될 당시인 붓다 사후 200년 뒤에 일어난 현실을 붓다의 예견이라는 형식으로 반영한 것이다.

이어 상가 내 승려들의 사유 재산 축적이 심각한 문제로 대두하였다. 이러한 문제는 비나야 삐따까^{Vinaya Pitaka, 律藏}의 『마하왁가^{Mahavagga, 大品}』에 재가 신자들이 승려들의 재산 축적에 크게 불만을 품었다고 실려 있기까지 하다. 재가자들은 그런 출가 승려들에게 당시 마가다 왕 빔비사라^{Bimbisara}가 창고에 재물을 쌓아놓은 것과 같다고까지 했다. 상가의 재산 축적은 주로 재가 신자가 기부하는 물질을 전유함으로써 행해졌다. 따라서 승려가 무엇이든지 상가에 기부한 것을 자기 것으로 전유하면 그것을 몰수함은 물론이고 승려에게 참회의 징벌을 부과했다.

■ 탈역사적
　사회
　변혁가

　붓다의 세계관이 급진적인 것은 당시 최고 이데올로기였던 제사주의를 반대했기 때문이다. 사실 제사는 신앙과 물질을 교환하는 매개체다. 제사는 제물을 바치는 개인에게는 물질적으로 가치가 매우 높은 재화인 생물이나 곡식을 바쳐 그와 같거나 그보다 훨씬 많은 양의 유사한 대가를 종교적으로 기대하는 행위다. 따라서 그 개인에게는 무엇보다도 소중한 가치 재화(당시에는 주로 소)를 포기하는 것이 전제되어야 했다.

　제사는 개인 차원으로가 아닌 집단 차원으로 행위가 수행되기 때문에 제물을 바치는 개인 차원의 신앙 표현을 넘는 사회적 의미가 있을 수밖에 없다. 가치 재화인 소는 농경 정착이 막 이루어지던 그 시대 사회에서는 절대 불가결한 생산 수단이었기 때문에 그 손실은 도

시화로 표현되는 당시 사회 진보에 막대한 지장을 가져올 수밖에 없었다. 그리고 그 지장은 생산, 즉 농경과 직접 관련된 바이샤와 끄샤뜨리아에게 가장 크게 작용하였다.

반면 각 개인이 바치는 제물들은 제주에게 축적되기 때문에 제주의 재화 축적을 쉽게 하였다. 그리고 그들에게 카스트(바르나) 체계에서 최고의 사회적 지위를 담보해주었다. 이는 제사가 이 시대에 들어와서 신앙과 물질의 상호 교환 차원에서 출발하여 부의 재분배와 교환 채널로 작용한 것을 의미한다. 그것은 제물이 실제 희생되기도 했으나 상징적으로 의례를 치르는 경우도 많았기 때문에 축적된 제물은 제주에게 가장 많이 돌아가고 나머지는 사회적 지위에 따라 분배된 사실을 보면 잘 알 수 있다.

결국 제물로 바쳐진 물질이 사회 경제적으로 부의 분배 역할을 하면서 카스트 차별 구조를 공고히 하는 수단으로 작용하였다. 이런 맥락에서 소 희생제가 당시 사회 경제의 변화에 큰 영향을 미친 이데올로기 기능을 담당하였다고 하는 것이다.

붓다는 당시 도시 문명을 극복해야 할 대상으로 인식하였다. 농경이 확산되면서 사유 재산이 발생하고, 화폐 경제와 교역이 성장하면서 빈부 격차가 심해졌다. 그런 속에서 세상의 부조리, 불합리, 브라만의 권력 독점, 가난한 자에 대한 핍박 등이 발생한 것으로 보았다. 그리고 이러한 악행의 뿌리가 사제 브라만이 지켜온 신과 그에 대한 숭배 의례에서 나왔다고 여겼다. 그래서 붓다의 철저한 반反제사주의는 다름 아닌 세상의 부조리와 악에 저항하는 행동하는 양심이었다.

결국 붓다의 세계관은 인민이 누릴 수 있는 최소한의 생존 환경을 어떻게 확보하느냐에 대한 관심에서 출발하였다. 그는 제사를 반대하고, 브라만 독점의 카스트를 반대하고, 업과 윤회의 종교를 따르지 말아야 인민의 최소한의 생존 문제가 해결될 수 있다고 보았다. 그렇지만 제사 반대만으로 궁극을 이룰 수는 없다고 보았다. 궁극은 가능성이 없는 사회를 떠나 사회 밖에 나가서 우주의 이치를 깨달아야 하는 것이었다. 개인이 사회 밖에서 끊임없이 수행하는 것에만 궁극이 존재하는 것이었다. 그래서 그는 사회를 부정하고 세상 밖으로 나가야 했다.

그리고 뜻을 같이하는 동지들과 민주적으로 운영하는 공동체를 구성하는 것이 새 세상을 여는 것이었다. 그는 그 공동체 안에서 비록 가진 것 없고 넉넉지 않게 연명할 수밖에 없지만 더불어 같이 사는 평등한 세상을 꿈꾸었다. 그것은 그 꿈을 이 세상에서는 결코 이룰 수 없다고 생각했기 때문이기도 하다.

히지만 그렇다고 해서 그를 사회 변혁을 꿈꾸었으나 도피한 유약한 사상가 정도로 생각할 수는 없다. 왜냐하면 그가 사회 밖에 새 세상을 세우려 한 것은 그곳에 평등 세상을 세우려는 것보다는 새로운 궁극을 추구하는, 즉 기존 사회의 여러 가치와는 무관한 세상을 세우려 했기 때문이다. 새로운 궁극을 추구하는 세상에는 기존 사회의 여러 차별과 제약을 적용하지 않겠다는 것 정도뿐이었다. 그는 결코 사회를 혁신하고자 하는 운동가가 아니었다. 그는 새 세상을 사회 밖에 건설하려는 사람이다.

항상 그렇듯 사회 변혁의 움직임은 가난하고 소외당한 인민에게서 나오지 않는다. 그 사람들이 문자(또는 언어)를 해석할 자격을 갖지 못해 항상 기득권을 가진 사람들이 풀어주는 지식 안에 있었기 때문이다. 한국의 진보 운동 또한 마찬가지다. 지금의 진보 운동의 직접적 계보가 만들어진 5공 시대, 변혁의 언어는 선배들의 입으로 전수될 수밖에 없었다. 그래서 그것은 신비의 힘과 아우라를 갖게 되었다. 조직은 신성시되었고 그 안에서 개인은 자리를 차지할 수가 없었다.

검증과 토론 또한 자리 잡지 못하고 오로지 학습만 존재해야 했다. 검증이 없고 학습만 있는 문화는 가문의 힘을 낳는 법이다. 그리고 그 안에서 힘은 오로지 성스러운 지식을 독점하는 자들만 가질 수 있다. 전승을 통해서 내려오는 지식을 구성하는 것 가운데 하나가 주체사상이다. 적의 적은 친구라는 일반론과 '5·18 광주'에서 만들어진 반미 분위기가 주체사상으로 가게 한 것으로 본다.

주체사상은 경전이 되어 지식을 독점하면서 초기 운동을 구성한 학생 운동은 물론이고, 노동계, 농민 운동계, 여성 운동계, 통일 운동계 등 각지에 널리 퍼졌다. 그때 그 사상은 이미 종교 교리의 위치에 올라 있었다. 그 엄청난 종교 교리를 사회 안에서 혁파한다는 것은 불가능하다. 그래서 가난하고 소외당한 인민이 종교에 더욱 의존하는 것이나 그들이 주체사상에 함몰당해 빠져나오지 못하는 것은 동일한 이치다. 붓다의 사회 변혁론, 그 엄청난 에너지가 역사에서 사라져버린 것은 검증과 토론이 있어야 할 자리에 학습이 자리하고 그

위에 종교가 덧붙여졌기 때문이다.

붓다는 세상이 가지고 있는 것은 현상일 뿐 결코 본질이 아니므로 가치가 없다고 생각하였다. 급진 진보주의자들의 생각도 바로 그러하다. 그것은 현재 한국에 사는 진보주의자들이 갖는 생각이기도 하다. 원형을 추구하는 행위는 탈역사적이라 실제 역사에서는 절대 이루어지지 않는다. 그뿐만 아니라 그것은 아우라와 카타르시스를 만들어내기 때문에 그것을 향해 가는 행위가 종교로 변할 수도 있다.

민족주의가 그렇고 공산주의가 그렇다. 게다가 원형 추구의 이상은 세계를 이분법으로 가르기 때문에 복합적이고 모호하고 이질적인 세계를 재단하는 데는 절대적으로 부저절한 잣대가 될 수밖에 없다. 그럼에도 그들은 이상, 희생, 동지, 환란, 핍박 같은 신화를 구성하는 요소를 통해 더욱 세상과 불통하고 집단적 교조주의에 빠진다. 기의가 사라지고 기표만 남아 이데올로기가 되어버린 것이다. 세상과 소통하지 못하는 그들은 그 점에서 전혀 이타적이지 못하고 지독하게 이기적이다. 붓다의 급진적 세계관이 사회 밖에서만 존재했다면 그와 그를 따르는 무리는 분명 원칙을 지키되 세상을 버렸을 것이다. 그렇지만 붓다는 그런 길을 가지 않았다. 이것이 붓다가 가진 급진주의 성격이다.

여성의 상가 입단

붓다는 당시 세계의 대부분 사상가와 마찬가지로 기본적으로 여성에게 우호적이지 않았다. 그래서 그 또한 다른 사상가들이나 종교 지도자들과 마찬가지로 상가에 여성이 입단하는 것을 처음에는 반대하였다. 그렇지만 제자 아난다Ananda의 설득을 받아들여 여성의 상가 입단을 허용했다.

여기에서 중요한 것은 그가 처음에 여성의 입단을 반대했다는 사실이 아니라 나중에 그들을 받아들였다는 사실이다. 그런데 그가 처음에는 여성의 입단을 허용하지 않았으나 결국 허용한 상황을 보여줄 만한 역사적 기록이 많지 않다. 반면 그 일에 관해 후대에 삽입한 것으로 보이는 구절이나 전설은 몇 가지 나온다.

붓다가 태어난 뒤 사망한 모친을 대신해 자신을 키운 이모이자 양

모인 마하빠자빠띠 고따미의 청을 뿌리치고 상가 입단을 허락지 않았다는 것은 후대의 이야기지만 이는 붓다가 여성의 상가 입단을 처음에 반대한 사실을 보여주는 것으로 해석할 수 있다. 또 다른 후대의 삽입으로 보이는 구절에 따르면 아난다가 붓다에게 여성을 받아들이기를 간청하자 붓다는 아난다에게 만약 여자를 받아들이지 않으면 담마는 1,000년을 갈 수 있겠지만 받아들이면 500년밖에 가지 않을 것이라고 예견한 것으로 나온다. 이러한 이야기는 물론 붓다의 가르침이 크게 바뀐—그것을 변질로 보든 변화로 보든—붓다 사후 500년 정도 지난 대승 불교 시기에 만들어져 삽입된 전설로 보는 것이 학계의 정설이다.

이는 후대로 가면서 교단 안에 남성 우위의 서열 체계를 강화하면서 당시 남성 중심주의를 붓다의 가르침에 의탁한 것으로 보인다. 붓다가 아난다의 청을 받아들이면서 비구니는 반드시 비구에게서 가르침을 받아야 한다거나 비구가 없는 상태에서는 아무런 의례를 행해서는 안 된다거나 비구 앞에서 반드시 회개해야 한다거나 비구는 비구니를 꾸짖을 수 있으나 비구니는 비구를 꾸짖을 수 없다거나 하는 따위의 여덟 가지 조건을 내건 것으로 알려졌다. 이는 후대 대승 불교의 남성 우위론자들이 여성을 깎아내리려고 만들어낸 조항을 붓다의 가르침으로 윤색한 것으로 보인다.

붓다는 여성을 상가에 입단하도록 허락하였다. 이는 전적으로 제자 아난다가 여성도 남성과 같이 해탈할 수 있다고 설득하였기 때문일 것이다. 아난다는 재가 신자들에게 설법할 때 남자와 여자를 차별하지 않기 때문에 여성의 상가 입단을 허용해야 한다고 하였다. 불교 문헌에서 볼 때 붓다의 제자 가운데 아난다만 유일하게 남녀평등을 주장하였다. 하지만 붓다 입적 후 상가는 남녀 평등주의를 주장한 아난다를 심하게 비난했다. 그러한 남성 중심의 분위기는 붓다 이후 상가에 전통으로 남았다. 그들은 붓다를 죽이고 시대의 시류를 따른 것이다.

붓다가 여성을 꺼렸지만 바로 그들의 입단을 허용하였을 것으로 추론하는 것은 다음 두 가지 역사적 논리를 통해서다. 우선 붓다 가르침의 뿌리는 힌두교의 본질주의에 대한 반대에 있다. 그 차원에서 브라만 카스트의 독점적 지위에 반대했고, 세계를 유지하는 어떤 본질(브라흐만)의 존재를 부인했으며, 그것을 기준으로 돌아가는 윤회와 제사 의례를 무의미한 것으로 치부했다. 그래서 그는 비록 사회 밖에다 공동체를 세우는 한계가 있었지만, 그곳에 세운 공동체에는 카스트 체계에서 최하위인 슈드라를 포함한 모든 사람을 받아들였다.

당시 여성의 사회적 지위가 슈드라보다 더 높은 상황에서 슈드라를 받아들인 상가가 여성을 받아들이지 않았을 것이라고는 생각할 수 없다. 나는 붓다가 역사상 처음으로 여성이 가사 외의 대안을 갖게 하였다는 평가를 지지한다. 다만 붓다가 처음에는 여성의 입단을 꺼린 것 또한 역사적 사실일 것이다. 그것은 당시 힌두교와 그 주변의 여러 종교가 갖고 있던 금욕 문화와 관련된 것으로 보인다.

힌두교에서 브라만이 지켜야 할 첫 번째 덕목은 결혼하기 전까지 궁극적 진리를 배우고 익히며 몸을 정결하게 유지해야 한다는 것이

다. 많은 수행자는 그 정결에 대한 강박증을 고행으로까지 연계했으며 이를 잘 지키는 수행자가 내공이 뛰어난 자로 여겨질 정도였다. 붓다 또한 그 틀에서 많이 벗어나지 못하였다. 그 맥락에서 여성은 인간을 미혹과 쾌락에 빠지게 하는 존재로 인식되었다. 그에게 애욕은 항상 절제하고 멀리해야 하는 것이었다. 그래서 모든 출가 승려는 독신자의 길을 걸어야 했다. 그렇지만 붓다의 본질주의에 대한 반대와 모든 면에서 드러나는 양보와 타협의 중도 정신으로 미루어보아 그는 제자들과 숙의한 끝에 여성을 상가 안으로 들이는 것을 허용한 것으로 보인다.

또 하나의 맥락은 당시 힌두교 바깥에 존재한 수행자들의 문화다. 불교와 비슷한 맥락에서 매우 유사한 가르침을 가지고 힌두교 바깥에서 수행 생활을 하던 자이나교와 불교 기록에서 육사외도六師外道의 하나로 일컬어지는 아지위까 수행자들 안에 여성 수행자가 있었다는 기록이 있다. 그들 모두 힌두교의 본질주의에 반기를 들면서 새로운 가치를 내건 수행자들이다.

그들의 영적 문제에서 급진적일 정도의 진보적 성격으로 미루어보아 여성을 부적격자로 몰아 받아들이지 않았을 것이라고 보는 것은 합당하지 않다. 사료를 거슬러 독해하는 방식으로 추론해볼 때, 후대에 만들어진 여성에 대한 불평등한 평가와 그들에게 지워진 질곡은 붓다와 그의 초기 제자들의 평등 정신이 훼손된 것으로 보는 게 더 합당할 것 같다. 후대의 불교 가운데 붓다의 가르침이 온전히 남아 있는 것이 거의 없다는 데서 출발한 추론이다.

붓다가 사회 밖에 건설한 상가는 고대 세계에서 유래를 찾아보기 어려운 민주적 공산 공동체다. 그는 당시 갠지스 문명이 만들어낸 카스트, 화폐, 전쟁, 권력 독점 등을 비판하면서 자신이 몸소 겪었던 부족 사회의 원시 공산 사회로 복귀할 것을 희망하고 그것을 실천하였다. 그래서 그 공동체는 교단이라고 부를 만한 강고한 조직으로 운영되지 않았고, 철저히 개인의 민주적 의사로 운영되었다.

하지만 붓다가 새로운 물질 관계 속에서 야기된 사회악을 완화하려 했다는 점만 의의로 삼을 수는 없다. 그것과는 별개로 붓다의 상가는 당시 사회의 구조적 변화를 공고히 하는 역할도 했다. 그가 빚쟁이는 상가의 구성원이 될 수 없다는 규정을 세운 것은 그들에게 굴레를 씌우는 사회의 기득권자를 돕고 그 구조를 구축하는 역할도 했기 때문이다.

붓다의 이런 태도는 사회 바깥에 이상 사회를 건설하려는 것과 사회 질서를 지키며 힘없는 인민을 돕고자 하는 것 사이의 모순에서 비롯된 것이다. 상가가 강고한 교단으로 바뀌고 화려한 의례를 하며 경제 행위를 하는 사원으로 바뀐 것은 그의 이러한 모순적 행위에서 비롯된다고 봐야 할 것이다.

3장
평등한
공동체를 꿈꾼
개혁가

붓다와 마르크시즘

 붓다는 진리를 찾았고 그것을 세상에 설파하였지만 종교를 새로 시작한 것은 아니다. 붓다가 행한 것은 새로운 세상 기득권자들에게서 벗어난 곳에 인간 중심의 세상을 세운 것이었다. 그는 공동 생산하고, 공동 소유하는 새로운 세상 안에서 인간 회복을 꿈꾸었을 뿐 힌두교에 대적하는 또 다른 신앙 체계를 건설하고자 한 것은 아니었다. 그를 종교 창시자로 이해하는 것은 새장에 그를 가두는 것과 다름없다.

 브라만의 제사, 의례, 가문, 혈통의 본질주의를 고쳐서 새로 만들자는 운동이 우빠니샤드라면 이와 궤는 같이하나 고쳐 쓰기가 아닌 그 조건 자체를 부인하는 것이 붓다다. 이를 서양 철학자 하이데거식으로 말하면 붓다는 세계-내-존재 자체를 부정하는 것이다.

우빠니샤드는 힌두교에 새로운 기운을 불어넣어 결국 힌두교가 더욱 다양하고 합리적인 체계를 갖춘 종교로 발전하게 하는 역할을 함으로써 변혁 운동으로는 실패하였다. 붓다의 새로운 사회 건설은 붓다 이후 대중 종교로 발전함으로써 초심이 사라지면서 실패하였다. 하지만 변혁의 역사에 파문을 일으킨 것은 붓다의 운동이었다.

그래서 붓다의 진정한 면모는 의례와 집단이 아닌 자아와 개인을 찾기 위해 사회를 포기해야 한다는 급진적 관념에 있는 것이 아니다. 그의 진정한 열정은 상가라고 하는 출가 수행자들의 공동체를 조직하는 데 있다. 붓다는 지금의 인도 웃따르 쁘라데시 주에 있는 유명한 힌두교 성지 바라나시 근교의 사르니트에서 제자 다섯 명에게 불교 제일의 진리를 설법했다.

"세상은 고통이고 그 고통은 모두 원인으로 엮여 있어서 그것을 어떻게든 소멸시켜야 하는데 그 길은 여덟 가지 바른 길을 통해서 가야 한다."

이후 붓다와 그 첫 제자인 다섯 비구는 주로 도시를 돌아다니면서 그곳에 사는 사람들에게 말씀을 전했다. 도시인에게 전한 설교는 대단히 성공적이어서 재가 신자가 증가한 것은 물론이고 출가하겠다는 사람들이 나날이 늘어났다. 붓다는 출가하겠다는 사람들을 아무 차별 없이 받아주었다. 그렇게 해서 얻은 제자 60명을 승려로 공식 인정하였다. 그렇게 세가 확장되면서 붓다는 자연스럽게 조직의 중요성을 깨달았다. 그의 조직인 상가는 이런 맥락에서 세워졌다.

내가 붓다를 행동하는 역사인으로 간주하는 것은 바로 그가 부인하고 떠난 사회 밖에 또 다른 사회인 상가 공동체를 건설하였기 때문이다. 그리고 그 상가가 떠나온 사회에 남겨진 사람을 향하고 있기 때문이다. 그는 당시 자신과 비슷한 생각으로 사회를 버리고 떠난 사람들이 갖은 고행을 하며 철저히 개인으로서 존재하고 혼자만의 해탈을 위해 수행한 후 생을 마감하는 데 반대의 뜻을 나타냈다. 그래서 그는 승려의 수행은 개인이 알아서 할 일이고, 상가를 조직한 것은 사회 안에서 '잘못된' 길을 걷고 있는 인민을 교화하기 위해서였음을 분명히 했다.

하지만 사회 안에 있는 사람들에 대한 교화가 궁극 목표는 아니었다. 따라서 상가는 매우 느슨하게 운영되었다. 기원전 6세기 당시 사회 상태를 고려할 때 상가는 우리가 쉽게 생각하는 수준의 조직화된 교단의 모습은 아니었다.

붓다 생전의 상가 공동체는 민주적으로 운영되었다. 상가에는 위계도 존재하지 않았고 명령이나 권위 체계도 존재하지 않았으므로 계파나 권력이 설 자리가 없었다. 심지어 붓다와 제자 사이에도 요즘 우리가 이해하는 방식의 도제 관계는 전혀 없었다. 단순히 말씀을 듣기를 청하고 그에 따라 말씀을 들려주던 관계였을 뿐이다.

붓다는 상가 운영을 위한 조직을 건설할 뜻이 전혀 없었다. 상가는 여름 우기雨期 넉 달 동안 임시로 머무는 우안거 vasavasa, 雨安居(바사와사)로 시작했다. 그것도 사회 안으로 포교를 떠나는 임시 거처의 의미만 있을 뿐 궁극적 목표인 수행을 통한 깨달음과는 아무런 관련이 없었다. 필요에 따라 의사 결정을 해야 할 때는 공동체 전체가 만장일치

로 결정하는 공인된 절차가 있을 뿐이었다. 자연히 단체에 대한 개인의 책임이라는 개념이 있을 수 없었다.

그래서 다소 자유방임적인 면은 있었지만 현대 사회의 민주주의에서 드러나는 다수결과 그것으로 말미암은 소수의 배제 같은 문제는 없었다. 이는 비효율적일지는 모르지만 소외되는 사람을 만들지는 않는 민주주의 체제였다. 효율적이지 못하다고 해서 상가가 개별 다수를 대신하여 새로운 법률을 제정한다거나 하는 따위는 인정하지 않았다. 이러한 독특한 민주 개념은 붓다가 인간 개인의 한계를 분명하게 깨달았기 때문일 것이다.

붓다는 설사 수준 높은 통찰력을 지닌 수행자라도 그에게 권력이 집중되면 그 또한 지위를 남용할 수 있다는 사실을 간파하였다. 그는 당시 비록 개인이 뛰어나더라도 자연인 한 사람에게 권력이 집중되면 그 권력은 결국 부패하고, 그 결과 사회 전체가 대단히 큰 피해를 받으면서 인간이 피폐하게 될 수 있는지를 보고 있었다. 붓다가 각 지역 상가, 즉 사원에 맞는 규율을 각각 따로 둘 수 있도록 하면서 전체를 통괄하는 규율을 두지 않도록 한 것은 바로 붓다 특유의 민주주의 운영 방식 때문이었다.

수행자들이 인민 교화를 위한 전초 기지로 세운 상가 공동체는 전적으로 보시로만 운영되었다. 그것은 보시를 널리 장려하는 힌두교 환경이 주위에 형성되었기 때문에 가능하였다. 비구^{bhikkhu}(산스끄리뜨로 빅슈^{bhikkshu})라는 말 자체가 보시 또는 다른 사람이 준 음식을 받는 자를 의미하는 데서 알 수 있듯이 그들의 생계유지는 전적으로 탁발에 의존할 수밖에 없었다. 걸식이 깨달음을 얻는 과정의 한 방편이기 때문에 거기에 대단한 의미 부여를 하지는 않았다. 하지만 어쨌든 그들은 인간의 삶에서 절대적인 위치를 차지하는 생계유지의 독자적 수단을 포기한 자들이었다.

그렇다고 해서 모든 사회가 붓다와 그의 제자들에게 우호적이었던 것만은 아니다. 붓다가 활동하던 마가다에서 브라만이 붓다와 제자 비구들을 사회적 삶과 의무를 저버렸다고 심하게 비판하면서 붓다 일파를 가정 파괴자로 간주하기도 했다.

붓다와 제자들이 가장 격렬하게 비판받은 것은 그들이 다른 걸식 유행자와 달리 생산행위를 전혀 하지 않았기 때문이다. 당시 한 브라만이 붓다에게 자신은 쟁기질하고 씨 뿌리면서 먹고사는데 당신은 왜 그러지 않느냐, 당신도 우리같이 쟁기질하고 씨 뿌리면서 먹고살아야 하는 것 아니냐고 질책한 것도 주목해야 할 사실이다.

붓다 같은 사람들을 질책한 브라만의 입장은 수행하되 자기 먹을 것은 스스로 생산하여 해결해야 한다는 것이었다. 한국 사회에서 화두가 된 무노동 무임금과 같은 논리이자 마르크스주의자들이 말하는 '토지를 경작자에게' '노동이 주인이 되는 세상'과 같은 논리다. 그런데 붓다는 이를 거부했다. 그것은 결국 재가 사회로 돌아가야 하는 자들의 세계에서만 있을 수 있는 논리일 뿐 그것으로는 궁극에 이룰 수 없다고 생각했기 때문이다. 붓다는 궁극을 얻기 위해서는 인과응보의 윤회를 끊어야 한다고 했다. 그리고 해탈을 이루기 위한 필요조건은 생산하지 않는 것이었다.

붓다는 생산 문제―그것이 노동이든 경영이든 그 둘을 둘러싼 이해관계든― 를 모든 사회적 행위의 근본 원인으로 간주하였다. 그런 점에서 그가 지닌 세계관의 밑바탕은 마르크스와 닮았다. 마르크스주의는 노동, 즉 생산하는 자가 사회를 얻어야 함을 말한 것이고, 붓다는 생산하지 않는 자가 사회를 버릴 수 있음을 말했을 뿐이다.

사유 재산
극복 의지

붓다와 제자들이 탁발을 통해 생계를 해결할 수 있었던 것은 역설적이지만 그들이 부인한 힌두교의 제사 문화 덕분이었다. 이미 설명한 대로 당시 사회에는 여러 종류의 걸식 유행자遊行者가 있었다. 그들 가운데에는 붓다처럼 힌두 사회를 전적으로 부인하고 나온 사람들도 있었으나 우빠니샤드 사상가처럼 사회 자체를 부인하지 않고 일정 기간 수행하기 위해 세상을 버리고 떠난 사람들도 있었다.

그런데 힌두 수행자들도 불교 수행자들과 마찬가지로 전적으로 보시를 받아서만 의식주를 해결해야 했다. 당시 사회는 힌두교 신자로 하여금 사회 안에 있는 브라만 제사장이나 사회 밖 유행자들이나 할 것 없이, 그 유행자가 사회를 부인한 자든 그렇지 않은 자든 관계없이 모두에게 보시를 바치라고 장려하였다. 그래서 붓다 같은 반힌두교 유행자들도 재가의 여러 사람에게서 폭넓게 존중과 보시를 받는 사회적 환경이 만들어져 있었다.

인도아대륙으로 들어온 아리야인은 동쪽으로 이동한 지 500년이 넘어서야 갠지스 강 상류 유역에 도달한다. 그러면서 당시 사회의 종교는 초기와는 모습이 상당히 변했다. 초기에는 물질 숭배를 주로 하면서 베다의 만뜨라 mantra, 呪文를 낭송하는 제사 숭배가 주를 이루었다. 그런데 이 시기에 들어서면서 만뜨라를 암송하는 행위는 점차 그 중요성을 잃고 공물을 바치는 희생 제사 행위가 압도적으로 중요하게 되었다. 공물 가운데 으뜸은 가축이었고 그 가운데 으뜸은 소였다.

희생제는 공공의 성격을 띤 것도 있고 사적인 가정의례인 것도 있었다. 공공 의례로는 왕이 주관하는 거대한 규모도 있었고 각 공동체가 거행하는 것도 있었으니 모든 문화가 제사와 관련되었다. 그리고 그 으뜸의 자리에 브라만이 자리했다. 이러한 현상은 이 시대에 들어와서 목축은 주요 생업으로서 위치를 잃고 농경이 그 자리를 차지하였기 때문에 가능했다. 그들은 정기적인 농업 생산물과 가축을 신에게 공물로 바칠 수 있었다.

제사에 바친 공물은 공동체가 같이 소비하기도 했고 브라만에게 사례물로 바치기도 했다. 그런데 이러한 의례 양식을 만들고 결정하고 의미를 부여하는 것은 오로지 브라만만이 할 수 있었다. 따라서 당시 사회는 평민들은 브라만에게 제물과 사례물을 바치고, 브라만은 그것을 독식하는 분위기였다. 200~300년이 넘는 기간에 이러한 문화가 팽배하면서 사람들은 자신이 생산한 것을 제사장에게 바치는 것이 당연하다고 생각했으니 그 메커니즘을 깨려고 한다는 것은 쉽지 않았다.

사람들이 자신의 소출을 제사에 바치는 당시 사회의 근간을 깬 사람이 붓다를 비롯한 일련의 유행 사상가들이었다. 붓다는 모름지기 궁극인 해탈을 추구해야 하지만 그렇지 못하는 사람들은 사회 안에서 공덕을 쌓아 더 좋은 세상으로 윤회하기를 추구하는 게 낫다고 했다.

> 이처럼, 공덕을 쌓아
> 이 세상에서 저세상으로 가면
> 친지들이 돌아온 벗을 맞이하듯,
> 공덕들이 그를 맞이한다.
> ─『담마빠다 Dhammapada, 法句經』 16. 12

붓다의 진보 개념은 최선이 안 되면 차선, 차선도 안 되면 악을 선택해야 한다는 요즘 항간의 투표 논리와 같다. 그는 진리의 절대성을 주장하지 않은 것이다. 그런데 붓다는 좋은 데로 윤회하기 위해 좋은 업을 쌓으려면 브라만이 주장하는 제사가 아닌 보시를 해야 한다고 주장했다. 붓다는 덕 있는 수행자에게 보시하는 것이 제사를 바치는 것보다 더 낫다고 분명하게 말했다. 제사가 브라만을 악의 근원으로 만들었다고 보았기 때문이다.

붓다가 당시 사회를 고통의 바다로 보며 부정해야 할 대상으로 간주한 것은 부유한 자들의 탐욕스러운 사유 재산 축적 때문에 세상의 악이 시작되었다고 보았기 때문이다. 그에게 사유 재산은 모든 악의 근원이었다. 그래서 그는 세상 밖에 공동체를 세워 사유 재산을 극복하려 하였다. 하지만 그는 사유 재산을 이 사회에서 없애야 한다는 생각은 하지 않았다. 그는 차라리 사유 재산을 보호해야 한다고 생각하였다. 그리고 그러한 일을 하기 위해 왕을 중심으로 하는 사회 질서가 잘 유지되어야 한다고 믿었다.

붓다는 브라만이 비록 세속에서 살지만 원래는 금욕적이고 모든 일에 참회하고 감각적인 생활을 제어하면서 살았다고 했다. 그들은 소나 곡식을 축적하지 않았다. 단지 신자들이 가져다준 공양으로만 생활했다. 그런데 그가 활동하던 시기에 들어와 브라만은 대규모 제사를 지내라고 강요하였다. 그를 통해 그들은 많은 소를 소유하고, 좋은 의복, 집, 여자, 마차, 밭 같은 사유 재산을 쌓기 시작했다.

베다 시대 초기에 시행됐던 검소한 제사는 갈수록 의례가 복잡하고 규모가 커졌다. 이에 따라 브라만의 권력도 날로 증대했다. 그래서 그들은 갈수록 탐욕스러워졌고 이기적이고 사악한 사람이 되었다고 했다. 붓다가 제사를 지내서는 안 된다고 주장하고 사유 재산의 무한 축적을 막기 위하여 사회 밖에 새로운 공동체를 세운 것은 이런 맥락으로 해석해야 한다.

하지만 붓다는 사유 재산 자체를 부인하거나 뿌리 뽑아야 할 대상으로 여기지는 않았다. 어차피 세상을 포기하고 사회 밖으로 나가지 못할 사람들은 정당한 사유 재산을 합리적으로 유지해야 한다고 생각했다. 붓다는 『디가 니까야』에서 도둑질, 거짓말, 폭력, 증오, 잔인 등과 같은 부도덕한 범죄의 원인은 가난이라 했다. 정부는 이러한 범죄를 근절하기 위해서 인민이 사는 경제적인 여건을 개선해야 한다고 했다. 농민에게는 식량과 경작 설비를 충분히 제공해야 하고, 상인에게는 자본을 제공해야 하며, 피고용인에게는 적절한 임금을 보장해야 한다고 했다. 이를 위해서는 왕이 사유 재산을 최대한 보호해서 사유 재산으로 말미암아 사회악이 덜 발생할 수 있도록 사회 질서를 유지해야 한다고 보았다.

붓다는 출가 후 포교 활동을 하는 동안 갠지스 유역에 있던 꼬살라국과 마가다국의 왕들과 깊은 교분을 유지하였다. 꼬살라 국왕 쁘라세나지뜨^{Prasenajit}와 마가다 국왕 빔비사라는 붓다의 벗이자 후원자였다. 그들은 시시때때로 붓다를 찾아와 사회의 여러 문제에 대해 상의하고 자문하였고 그들의 요청을 붓다도 흔쾌히 받아들였다.

붓다가 정치를 포함한 사회 전반에 대해 설법을 가장 많이 한 곳은 꼬살라 수도 슈라와스띠^{Shravasti}다. 쁘라세나지뜨가 제사를 성대하게 지내려 하자 그를 설득하여 제사를 못하게 한 것은 제사를 지내지 말고 그 공물을 수행자들에게 보시하라는 의미였다. 빔비사라 왕은 마가다국 수도 라자그리하^{Rajagriha}에서 붓다를 처음 만났을 때부터 마지막 꾸시나가라^{Kushinagara}에서 생을 마감할 때까지 붓다 상가의 큰 물질적 후원자 역할을 하였다. 붓다는 제사보다 보시가 더 중요하고 자신을 따르는 자가 행하는 가장 공덕 있는 보시는 상가에 바치는 것이라 했다. 그리고 보시 중에서 으뜸은 정사精舍, 즉 상가 공동체에 하는 것이라 했다.

비나야 삐따까의 『마하왁가』에는 붓다가 매달 두 번 빔비사라 왕을 만나 가르침을 주어 왕을 기쁘게 하였고, 왕은 붓다의 상가를 후원하는 기회를 만들자고 서로 합의하는 대목이 나온다. 붓다가 실제로 쁘라세나지뜨, 빔비사라 왕과 교분이 두터웠고, 두 왕이 사회를 안정적으로 유지하는 데 필요한 최대한의 협조를 아끼지 않은 것도 왕을 중심으로 사회가 유지되어야 한다고 생각했기 때문이다.

붓다는 이상을 추구하되 그 이상을 실현할 수 있는 필요조건을 충족하지 못한 사람, 즉 사회를 버리고 떠나지 못한 사람을 악의 존재로 규정하지 않았다. 그는 그들이 사는 사회 안에서는 최선을 추구하는 것이 아닌 최악을 막는 방편을 세우는 데 노력한 전형적인 실존적 인물이다.

붓다는 사회를 부정한 위에서 이상 사회를 꿈꾸는 급진적 진보주의와 사회 조직의 기능과 질서의 평형이 필요하다고 주장한 보수적 사회 균형론이 뒤섞여 있는 사람이다. 그가 꿈꾸는 사회 밖의 이상 사회가 이루어졌는지, 그가 꿈꾸는 사회 안의 균형 잡힌 합리적 사회가 이루어졌는지는 그의 몫이 아니다. 그는 그런 사회를 꿈꾸었고, 우리는 그가 꿈꾼 사회가 어떠한 것이었는지를 있는 그대로 성찰해 볼 뿐이다.

이상주의자의 슬픈 운명

붓다가 세운 상가 공동체의 모태가 되는 사회관을 알게 해주는 매우 중요한 구절이 빨리어 경전 『디가 니까야』의 「악간냐 숫딴따 Agganna Suttanta, 起世因本經」에 잘 나와 있다. 아주 긴 신화를 통해 설파된 내용을 간추려 정리해보면 다음과 같다.

태초에 세상이 자발적으로 생겼으니 세상은 행복하게 유지되었으나 점차 탐욕의 존재가 생긴 후 시간을 비롯한 모든 구분이 뒤따라 생겨났다. 이후 가족이 발생하고 그것을 중심으로 생산 행위가 이루어졌다. 그러다가 공동 소유 토지가 개인 소유로 바뀌고 사유 재산 관념이 발생하였다. 결국 절도, 거짓, 비난, 처벌 등의 사회적 행위가 발생하였으니 사람들은 도덕적 기준을 만들고 그 도덕을 보호할 사람을 선출하기로 했다. 그가 '위대한 피선출자'라는 뜻의 '마하삼마

따로, 곧 왕이다. 사람들은 그 왕이 직분을 잘 수행할 수 있도록 일정 부분을 갹출하여 그에게 보수를 지급하였다. 그는 그 보수를 받고 사회를 다스렸다. 붓다는 왕이 선출된 후 수행자인 브라만, 여러 가지 일을 하는 바이샤, 사냥 같은 거친 일을 하는 슈드라가 등장하였다고 설명한다.

우리는 이 신화에서 붓다가 가지고 있던 몇 가지 중요한 사회관을 알 수 있다. 우선 그의 생각은 일정 부분 고대 인도의 브라만 세계관을 기반으로 만들어진 동시에 그에 대한 반발이기도 하다. 당시 힌두교에서는 카스트를 신의 소명을 받들어 신에게 바치는 제사를 통해 발생한 것으로 보았다.

태초에 인간이 있었는데 그는 스스로 존재하는 자였다. 그는 스스로 제사 지냈으니 그 머리에서 브라만이, 그 팔에서 끄샤뜨리야가, 그 복부에서 바이샤가, 그 발에서 슈드라가 나왔다. 이 신화에는 크게 두 가지 중요한 의미가 있다. 우선 카스트로 이루어지는 사회 질서의 본질적 원천은 제사라는 사실과 그로부터 파생된 위계는 맨 위가 브라만이고 나머지가 끄샤뜨리야, 바이샤, 슈드라 순이라는 것이다.

붓다는 제사를 통해 카스트 질서가 만들어졌다는 힌두교의 세계관을 정면으로 반박하였다. 카스트 질서는 제사를 통해 본질에서 인간에게 주어진 것이 아니라 인간이 사회의 필요에 따라 주체적으로 만들었다는 것이다. 카스트 자체를 부인하는 것이 아니고 카스트의 계급성을 부정하는 것이다. 이는 그가 다음과 같은 말을 한 것에서 잘 알 수 있다.

> 그가 캇띠야^{khattiya}(산스끄리뜨로 끄샤뜨리야), 브라만^{brahman}, 벳사^{vessa}(산스끄리뜨로 바이샤) 혹은 숫다^{sudda}(산스끄리뜨로 슈드라), 그 누구든지 자신의 말과 행동을 착하게 하면서 살면, 나중에 죽고 난 후 다시 태어날 때 반드시 좋은 세상에 태어날 것이다.
>
> —『디가 니까야』 27. 28

그는 당시 인도 사회의 가장 큰 문제였던 카스트 제도를 비판적으로 바라보았지만 결국 그 틀 안에서 사고하였다. 우리는 그가 카스트를 완전히 뛰어넘는 생각을 하리라 기대해서는 안 된다. 그는 어디까지나 고대 인도 역사의 산물이기 때문이다. 예수에게 윤회와 해탈이라는 개념을 기대할 수 없고, 붓다에게 창조와 종말의 개념을 기대할 수는 없는 노릇이다.

카스트라는 개념은 윤회라는 우주적 시간 속에서 만들어졌기 때문에 그 속에서 태어나 자란 유한 존재인 인간 고따마 싯닷따가 카스트를 완전히 부인하리라고 기대할 수는 없다. 다만 힌두교는 카스트라는 사회 현상을 종교 신화적으로 해석한 데 반해 붓다는 그것을 사회사적으로 해석한 것이다. 그의 사회사적 해석은 카스트 구조를 이루는 각 요소가 서로 불가분의 관계에서 제각기 기능한다는 것이다. 그 관계 속에서 각 카스트는 제 기능을 유지하면서 서로 갈등이나 적응 등의 과정을 거쳐 조직되고 변화하기 때문에 그 자체로 존재 의미는

충분하다는 것이다.

그가 부인한 것은 카스트 체계 자체가 아니라 브라만이 최고위에서 권력을 독점하는 양태였다. 따라서 붓다를 카스트 체계 반대론자로 보는 것은 그를 잘못 읽은 것이다. 그는 사회가 조화롭게 잘 유지되기를 희망했다.

이러한 맥락에서 붓다가 이 신화에서 브라만이 주장하는 브라만-끄샤뜨리야 순서로 된 카스트 체계가 잘못되었음을 반박하는 사실에도 주목할 만하다. 그는 세상은 사회 전체의 뜻에 따라 마하삼마따mahasammata(선출된 자, 즉 왕)가 맨 먼저 생겼으므로 끄샤뜨리야가 최고 우위에 있고 그다음으로 브라만이 생겼고 그다음으로 바이샤와 슈드라의 순서로 생겼기 때문에 그 순서에 따라 계층화되어야 한다고 했다.

분명히 말하건대 붓다는 카스트 제도 자체를 부인하지 않았다. 카스트 제도를 인정하면서도 그 순서는 끄샤뜨리야가 상대적으로 우위에 있다는 의견을 가지고 있었다. 하지만 이를 붓다가 자신이 속해 있는 끄샤뜨리야 중심으로 카스트 제도가 재편되어야 한다고 주장한 것으로 이해해서는 안 된다. 어떤 상황에서도 붓다가 카스트 계급 구조에 반대하고, 그것이 인간의 궁극적 문제를 해결하지 못하는 무의미한 것이라는 의견을 가지고 있었다는 것은 분명하다.

다만 그는 무의미한 것이어도 사회에서 필요하다면 사회 내에서는 유지할 필요가 있다고 말하는 것이다. 제사를 통해 무지몽매한 인민을 착취하는 일을 일삼는 브라만이 사회 최고의 위치에 서 있어서는 안 되고, 나라를 다스리고 사회 질서를 유지하는 일을 맡은 왕인 끄샤뜨리야가 우위에 서야 한다고 말하는 것이다.

붓다는 합리적 방법을 통한 깨달음이 아닌 비합리적 집단 신앙을 추종하는 것을 어리석은 짓이라 한 만큼 기존의 사회 질서에 대한 해석도 매우 합리적으로 풀어냈다. 붓다의 이론은 인간이 자연 상태에서 사회 상태로 들어오는 과정에서 필요에 따라 질서를 유지하기 위한 제도를 만들었다는 사실을 강조했다. 따라서 잘못 운용된 제도를 뿌리 뽑아서 해결하려 하기보다는 원래 정신에 따라 그 자리에서 상황에 맞게 개량하여 사용해야 함을 분명히 말하였다.

붓다는 진보주의자이지만 비현실적인 것을 주창하는 급진적 이데올로그 idealogue 는 아니다. 그는 이상주의자이지만 현실을 염두에 두지 않은 적이 없다. 하지만 그는 현실을 구축하는 데 대한 독자적 대안을 마련하지 못했다. 그래서 결국 세상과 화해할 수 있는 여지를 남겨주었다. 세상과 화해하는 이상주의자는 죽을 수밖에 없다. 세상과 불화한다고 해서 이상주의자가 살 수 있는 것은 아니다. 하지만 이상주의는 역사 속에서 살아남을 수 없다. 중요한 것은 척박한 땅을 어떻게 디딜지를 고민하고 모색하는 것이다.

붓다가 자신이 살던 기원전 6세기 인도 북부의 사회 체계를 부정적으로 본 것은 베다 시대 말기의 공동체 중심 사회가 기원전 6세기경이 되면서 성격이 크게 바뀐 것과 관계가 있다. 기원전 6세기 갠지스 강 상류 유역에서는 철제 농기구가 도입되면서 농업이 크게 발달하고 이를 기반으로 여러 곳에 도시가 발생하였다. 북부 인도에만 20

여 개 도시가 번성하였다. 농업 발달과 도시 확산은 경제력 확장을 가져왔다. 그래서 당시 영역 국가들은 땅을 확보하기 위한 전쟁에 혈안이 되었다.

전쟁을 치른 각 나라는 이전의 부족법 체계를 폐기하고 네 개로 구분된 카스트를 기준으로 하는 새로운 계급에 따라 법체계를 강고하게 세웠다. 그 위에서 브라만은 모든 특권을 받고 슈드라는 모든 권리를 박탈당했다. 베다 시대의 만장일치, 여성 참여의 부족 회의는 점차 자취를 감추게 되었고 그 자리를 브라만의 회의가 차지하였다.

결국 모두가 더불어 사는 공화제 사회의 힘이 약화되고 군주제 국가에 정복되면서 평등한 공동체 문화는 자취를 감추게 되었다. 군주 국가, 전쟁, 카스트 위계로 유지되는 사회는 긴장을 가져왔고 이에 대한 반발이 사회적으로 널리 일어나고 있었다.

따라서 붓다를 비롯한 여러 사상가의 반발은 새로운 생산 양식에 입각한 물질 중심 도시 문화 반대에 그 뿌리를 두었다. 이들은 도시 문명이 발달하기 이전 베다 시대 말기의 전통적인 단순하고 금욕적이며 공동체적인 사회를 추구하였다. 그러한 새로운 움직임은 첨예한 계급과 화폐 경제를 부정하고 사회를 포기한 뒤 떠나는 움직임으로 만들어졌다. 그들은 공동체적인 삶을 추구했던 것이다.

붓다는 근본적으로 무의미한 카스트 사회를 버리고 떠나가야 한다고 했지만 그렇지 못하는 사람들에게는 그 자체를 뿌리 뽑는 대신 카스트 간의 역할 분담과 조화를 통해 사회를 질서 있게 유지해야 한다고 하는 것에서도 그의 사상을 잘 살펴볼 수 있다. 붓다는 당시 사회의 경제가 인간을 소외시키고 이윤만 추구하는 방향으로 변하는 것을 '발전'으로 보지 않은 것이다.

브라만 독점 지위의 카스트 비판

 붓다는 이상적 사회가 생산과 소비를 같이하는 공동체 안에서 이루어질 수 있다고 생각하였다. 결국 붓다가 건설한 상가는 마르크스-엥겔스가 추구한 원시 공산 사회의 형태라고 볼 수 있다. 마르크스가 추구한 공산 사회가 계급이 소멸한 이후의 상태를 뜻한다면 붓다가 세운 공동체 상가는 계급을 비롯한 모든 의례, 물질 등을 유한하고 비영속적인 것으로 보면서 그것들이 해산된 사회다. 그러한 의미에서 붓다의 세계관은 마르크스의 변증법과 맥을 같이하고 그가 세운 상가는 마르크스의 공산 사회와 같은 의미가 있다고 봐도 무방하다.

 그렇다고 상가가 공산 사회의 성격을 강하게 가지고 있기 때문에 자본주의보다는 공산주의를 더 선호하였을 것이라고 주장하는 것을

흔쾌히 받아들일 수는 없다. 마르크스와 붓다 두 사람은 맥락상 같은 의미를 일정하게 공유하고 있지만 근본적으로는 다르다. 두 사람을 결정적으로 달리 만드는 것은 마르크스는 사회 변혁을 추구하였고 붓다는 그렇지 않았다는 사실이다.

마르크스는 계급 없는 세상을 만들어내려 하였으나 붓다는 개인의 수행을 통한 깨달음을 추구하였을 뿐 기존 사회의 혁신에는 별 관심을 두지 않았다. 다만 사회에 남아 있는 사람들이 당하는 압제와 고통에 이타심으로 접근했다는 사실만큼은 폄하해서는 안 된다. 하지만 그것이 본질에서 공산주의와 닿을 수 있는 것은 아니다. 만약 우리가 붓다를 인간마다 다 달라서 한 사람 한 사람의 인격체를 고뇌하는 인문학자라 하고 마르크스를 사회의 구조를 바꿔서 그 안에 모든 사람이 들어갈 수 있도록 고민하는 사회과학자라 한다면 어떨까? 어차피 비교가 본질을 드러낼 수 없는 편의상의 방법이라는 한계를 인정한다면 이를 손쉽게 이해할 수 있지 않겠나 싶다.

아무튼 이 시기 카스트는 민법과 형법의 기준이 되어 모든 사회 행위를 판단하는 법적 근거로 만들어져 그것을 뒷받침하였다. 높은 바르나 즉 브라만의 행위는 도덕적인 것으로, 낮은 바르나 즉 슈드라의 행위는 부도덕한 것으로 규정되었다. 슈드라는 모든 사회 행위에서 정당한 행위를 할 수 없는 불구로 낙인 찍혔다. 브라만, 끄샤뜨리야, 바이샤 세 상층 계급은 사회 행위를 정상적으로 할 수 있었고 그 근거를 우빠나야나Upanayana('두 번 태어남'의 의미로 부여하는 가느다란 끈을 몸에 채우는 것) 의례로 뒷받침했다. 하지만 슈드라는 그 의례를 태생적으로 받을 수 없었다.

같은 범죄라 하더라도 상층 계급이 저지르면 가벼운 처벌을 받고(그 가운데서도 브라만은 더욱 가볍게), 슈드라는 매우 무겁게 처벌받는 전형적인 불평등법이 이 시기에 널리 확고하게 자리 잡았다. 그것은 브라만은 본질에서 정淨한 인간이고 슈드라는 본질에서 부정不淨하고 오염된 인간으로 간주했기 때문이다. 그 전제는 브라만 세계관의 근간이다.

따라서 서로 다른 카스트는 음식도 나눠 먹을 수 없고 결혼도 절대 할 수 없다. 그리고 카스트는 절대적으로 혈통에 따라 세습되어야 한다. 붓다는 이러한 비인간적인 카스트 제도에 분명히 반대하였다.

하지만 더 분명히 말하면 그가 반대한 것은 카스트가 당시 브라만이 주장한 것과 같은 혈통 중심의 세습적 계급 제도가 되는 것이었다. 혈통 중심의 카스트는 바뀔 수 없는 본질이고 그를 통해 사람 사이에 지배와 피지배, 착취와 피착취가 발생하기 때문이다.

붓다는 『숫따니빠따』의 「아마간다 숫따^{Amagandha Sutta}」(아마간다의 경)에서 오염이 어떤 특정한 음식을 먹음으로써 발생하는 것이 아니라 나쁜 행위, 나쁜 언어, 나쁜 사고 등에서 발생한다고 역설함으로써 카스트 제도의 양대 원리 가운데 음식-오염 체제를 부정하였다.

그런데 그는 카스트 제도의 또 하나의 원리인 통혼 범주를 인정하였다. 그는 『디가 니까야』의 「암밧타 숫따^{Ambattha Sutta}」(암밧타의 경)에서 끄샤뜨리야가 브라만보다 더 우위에 있다는 것을 논증하는 자리에서 그 이유로 후자는 전자의 자손을 결혼 상대로 취하지만 전자는 그렇지 않다고 주장했다.

붓다는 브라만과 끄샤뜨리야가 음식을 공유하고 결혼을 같이해야 한다는 주장을 한 적이 없다. 이는 붓다가 카스트 제도를 실제로 인정한 것이나 다름없다.

양면적이면서 불완전한 붓다의 카스트관은 비나야 삐따까의 『쭐라왁가Cullavagg, 小品』에 나오는 다음 구절을 보면 총체적으로 알 수 있다.

> 마치 갠지스Ganga, 야무나Yamuna, 아찌라띠Acirati, 사라부Sarabhu, 마히Mahi 강들이 바다에 닿았을 때 각기 그 이름을 버리고 오직 바다로만 알려지듯 네 바르나인 끄샤뜨리야, 브라만, 바이샤, 슈드라도 재가의 신분을 버리고 여래에 의해 설파된 법과 계율로 들어올 때는 그들의 각 이름과 혈통은 버려지고 오직 석자(붓다의 제자)로만 불려진다.
>
> —비나야 삐따까 『쭐라왁가』 9. 1. 4

이 비유에서 우리는 붓다가 사회 내에는 각각의 카스트가 있어야 한다는 사실을 인정했으나 궁극적으로 각각의 카스트는 하나로 통합된다는 것을 분명히 밝혔음을 알 수 있다. 그리고 그 통합은 상가에서 이루어진다고 했는데, 그 상가를 바다에 비유하여 자신이 세운 공동체에 대해 매우 큰 자부심을 품은 것을 알 수 있다.

하지만 동시에 붓다가 사회 내 카스트의 존재를 인정하였다는 사실 또한 분명하다. 그는 상대적으로 브라만이 최상층에 군림하는 사실을 인정하지 않았을 뿐 계급의 평등성을 주장한 것은 아니다. 그는 브라만의 독점적 지위를 비판하였고 끄샤뜨리야의 사회적 역할이 더 중요하다고 역설하였다. 하지만 최하층 슈드라의 상태에 대해서는 아무런 언급을 하지 않았다.

붓다가 브라만, 끄샤뜨리야, 바이샤 공동체를 방문한 기록은 있으나 슈드라 공동체를 방문한 기록은 없다. 그들이 핍박받는 상황을 타개해야 한다는 말을 남긴 적도 없다. 그는 카스트의 불합리성과 착취 구조를 지적하였을 뿐 소외당한 최하층을 위해 사회 구조를 바꾸고자 한 적은 없다. 다만 사회의 현실을 묵인한 채 이상 사회를 사회 밖에 상가를 건설함으로써 실현하고자 하였다. 그곳에는 분명 브라만도 슈드라도 존재하지 않았다.

붓다가 카스트 자체를 부정하지 않은 사회관을 비판할 수는 있다. 하지만 그가 유럽의 로마 시대보다 500년이나 더 과거에 살았던 사람이라는 사실은 분명하게 인정해야 할 것이다. 지금 우리가 사는 사회의 민주와 평등의 개념을 기준으로 기원전 6세기 때 살던 사람을 재단하는 것은 온당치 못하다는 말이다. 여기서 말하고자 하는 것은 후대 불교도에 의해 붓다가 시공을 초월하여 평등을 주장한 신적 존재가 된 것은 역사적 사실은 아니라는 것뿐이다.

붓다가 살던 때부터 2,500여 년이나 흐른 '민주와 평등'의 21세기 사회에서도 힘이 없으면 제집에서 강제로 쫓겨나고 불에 타 죽고 같

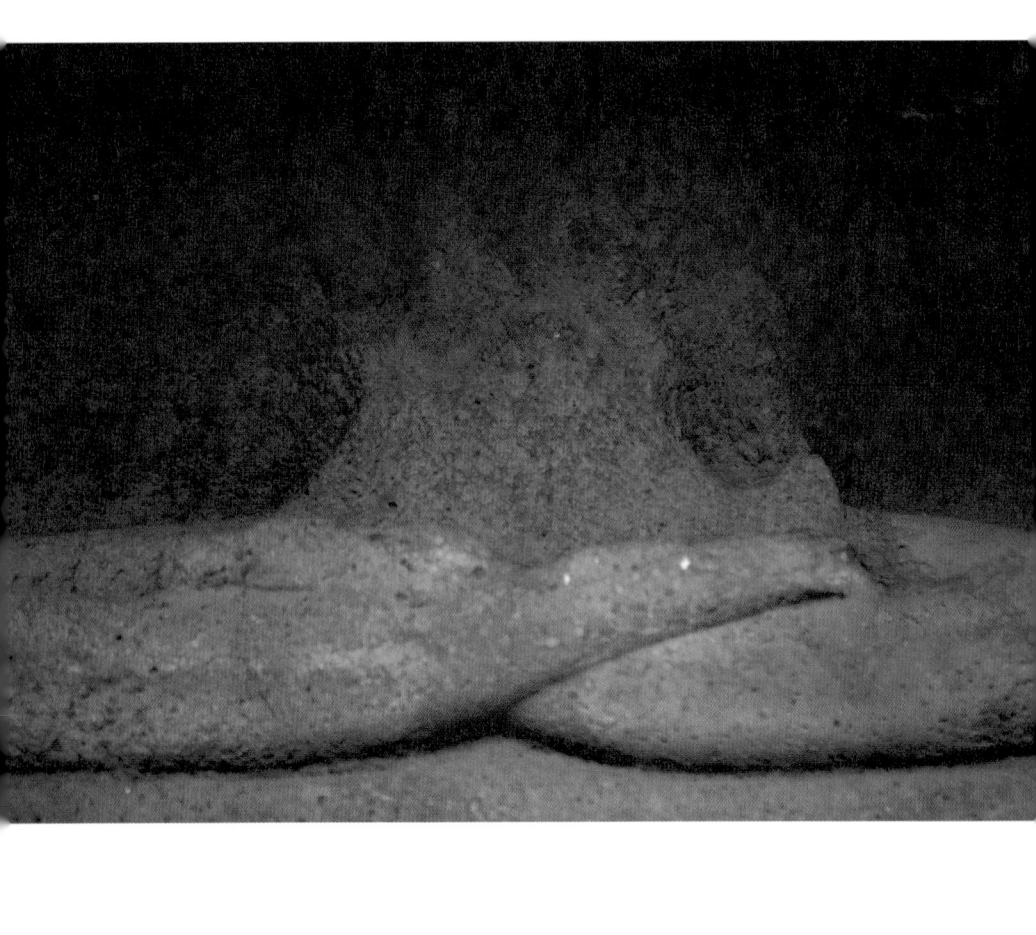

은 노동을 해도 비정규직이면 온갖 차별을 당하는 불안한 세상에 대해서 아무도 제대로 말을 하지 못한다.

붓다는 브라만이 독점적 권리를 차지하면서 군림하는 카스트 제도를 비판하면서 카스트 차별이 없는 공동체를 사회 밖에 건설하였다. 이는 그를 2,500년 전 유럽의 위대한 사상가인 카를 마르크스와 비교하게 하기도 한다. 둘을 비교하기를 좋아하는 사람들은 두 사람 모두 합리적 판단과 분명한 인과관계에 기반을 두는 무신론을 바탕에 두고, 세계를 무상無常하게 변화하는 것으로 보면서 기존 체제를 비판하고 나아가 계급 없는 이상 사회를 꿈꾸었다는 사실 등을 공통점으로 지적한다.

충분히 합당한 비교라 생각한다. 하지만 붓다가 고대 사회에서 첨예해지기 시작한 카스트에 대해 구체적으로 어떠한 태도를 보였는지를 자세히 검토해보면 둘 사이에는 유사성은 상당하나 역사적 맥락에서는 차이가 큼을 알게 된다.

붓다는 카스트 제도를 무너뜨려 혁명적으로 사회 구조를 개혁하려고 하지 않았다. 그는 무엇보다도 사회 질서를 안정적으로 유지해야 한다고 믿었다. 물론 그것은 브라만이 원하는 안정적 유지가 아니라 힘없고 가난하고 소외당하는 인민이 정상적으로 살기 위해서 카스트의 지위를 인정하면서 안정과 조화 속에서 사회 질서를 유지해야 한다는 것이다.

어찌 되었든 붓다는 사회 계급을 혁파하려는 사상을 가져본 적도 없고 그렇게 시도한 적도 없다. 실제로 불교가 그러한 영향력을 끼친 적도 없다. 붓다가 하고자 한 것은 브라만의 권력 독점에 반발하고자 하는 것이었을 뿐 사회 변혁은 안중에도 없었다.

인도사상
가장 큰
사회 운동

 붓다가 본 당시 사회의 가장 첨예한 문제는 카스트 때문에 발생한 계급 불평등 문제였다. 카스트는 당시 '바르나'라고 불렸는데 이 말의 뜻은 '색깔'이다. 근대가 시작된 후 식민주의 이론가들은 아리야인이 인도 땅에 들어오면서 원주민을 정복한 뒤 피정복민을 피부색에 따라 등위를 부여해서 바르나라고 불렀을 것으로 추정했다. 하지만 그런 인종 중심적 해석에 동의하는 학자는 거의 없다. 인종을 중심으로 구별하는 짓은 모두 근대 이후에 벌어진 일이다. 이는 다윈의 진화론 이후에 나타난 일이다.
 인간 중에서도 진화가 많이 된 우월한 인종이 있고 진화가 덜 된 열등한 종이 있는 것으로 조작되는 것이다. 거기에서 아리야인 신화가 나오고 그것이 다시 나치즘과 연결된다. 이것이 식민주의와 손을 잡으면서 식민지 개화론으로 나타나는 것이다. 그래서 아메리카 원주민이나 인도 민족 외에 아시아, 아프리카, 남아메리카 민족도 열등하여 식민 지배를 받아야 한다는 이론이 만들어진다. 이런 맥락에서 '민족'이 만들어진 상상의 공동체라는 주장이 나온다.

아무튼 당시 인도에서도 여느 고대 사회에서처럼 처음에는 직능에 따라 직업이 정해졌다. 그러다 철기가 들어와 생산이 늘어난 후 제사장이 물질을 독점하는 현상이 일어나면서 계급이 발생했다. 그 계급을 자신들이 좋아하는 색을 부여해 구별한 것으로 보는 의견이 더 합당한 것으로 보인다.

현재의 시점으로 보면 붓다의 사회관은 일정 부분 한계를 드러낸다. 붓다는 매우 실질적인 역사인이다. 상징이나 의례, 도그마를 만들거나 그것을 따르지 않았다. 제도에 문제가 있다고 해서 그것을 완전히 폐기하라고 주장하지 않는다. 폐기할 수도 없겠거니와 제도 자체에 문제가 있는 게 아니고 뭔가 운용이 잘못되었기 때문이라고 믿기 때문이다. 문제는 운용 체계를 고치면 해결된다.

하지만 역사적으로 볼 때 사회가 더 복잡해지면 제도 자체를 폐기하지 않고는 해결책을 낼 수 없거나 뭔가 근본적으로 쇄신해야 하는 경우가 훨씬 더 많다. 인도에서도 붓다가 활동했던 기원전 6세기를 기점으로 카스트 체제는 갈수록 차별과 배제의 메커니즘이 강고해졌다. 그런 점에서 붓다는 유능한 사회 개혁가는 아니다.

붓다가 카스트에 대해 어떤 개념을 가졌는지를 파악하는 것도 중요하다. 하지만 그가 사회 바깥에 세운 공동체에 어떠한 카스트의 사람들이 들어왔는지를 살펴보는 것도 중요하다. 이는 역사인으로서 붓다를 파악하는 데 특히 중요하다. 그는 단순한 사상가가 아니라 중요한 실천가였고, 그 영향이 인류사 전체에 지대하게 남았기 때문이다.

붓다는 모든 사람을 상가의 구성원으로 받아들여야 한다고 생각하였다. 하지만 실제 경전을 보면 붓다가 받아들인 구성원은 상층 카스트인 브라만, 끄샤뜨리야, 바이샤 중심이었다. 그 가운데서도 특히 지배 계급인 브라만과 끄샤뜨리야 출신이 다수였다. 붓다의 최고 제자인 사리뿟따, 목갈라나, 까띠야야나는 젊은 브라만 출신이고, 아난, 라훌라, 아누룻다는 끄샤뜨리야 출신이다. 우빨리, 수니따, 사띠, 뿐나 등 슈드라 출신의 이름도 눈에 띄지만 전체적으로 볼 때 일부에 지나지 않았다. 그뿐만 아니라 슈드라 출신이 교단에서 맡았던 역할도 일부 예외가 있지만 대부분에서 크게 두각을 나타내지는 못했다.

상가에 하층 카스트의 수가 소수라는 사실을 붓다와 직접 연계해 그의 한계로 해석할 필요는 없을 것이다. 어느 사회에서나 다 그렇듯이 하층 계급은 기존의 사회 지배 이데올로기에 억눌려 있지만 비판 의식이 부족하며 그 이데올로기를 지탱하고 유지하는 데 가장 중추적인 역할을 한다. 그들은 교육으로부터 철저히 소외당하면서 깨달음이나 구원, 자유나 평등 같은 인식론적 사고에 적극 다가서지 못한다.

따라서 붓다의 상가에 하층 카스트가 일부밖에 되지 않는다는 사

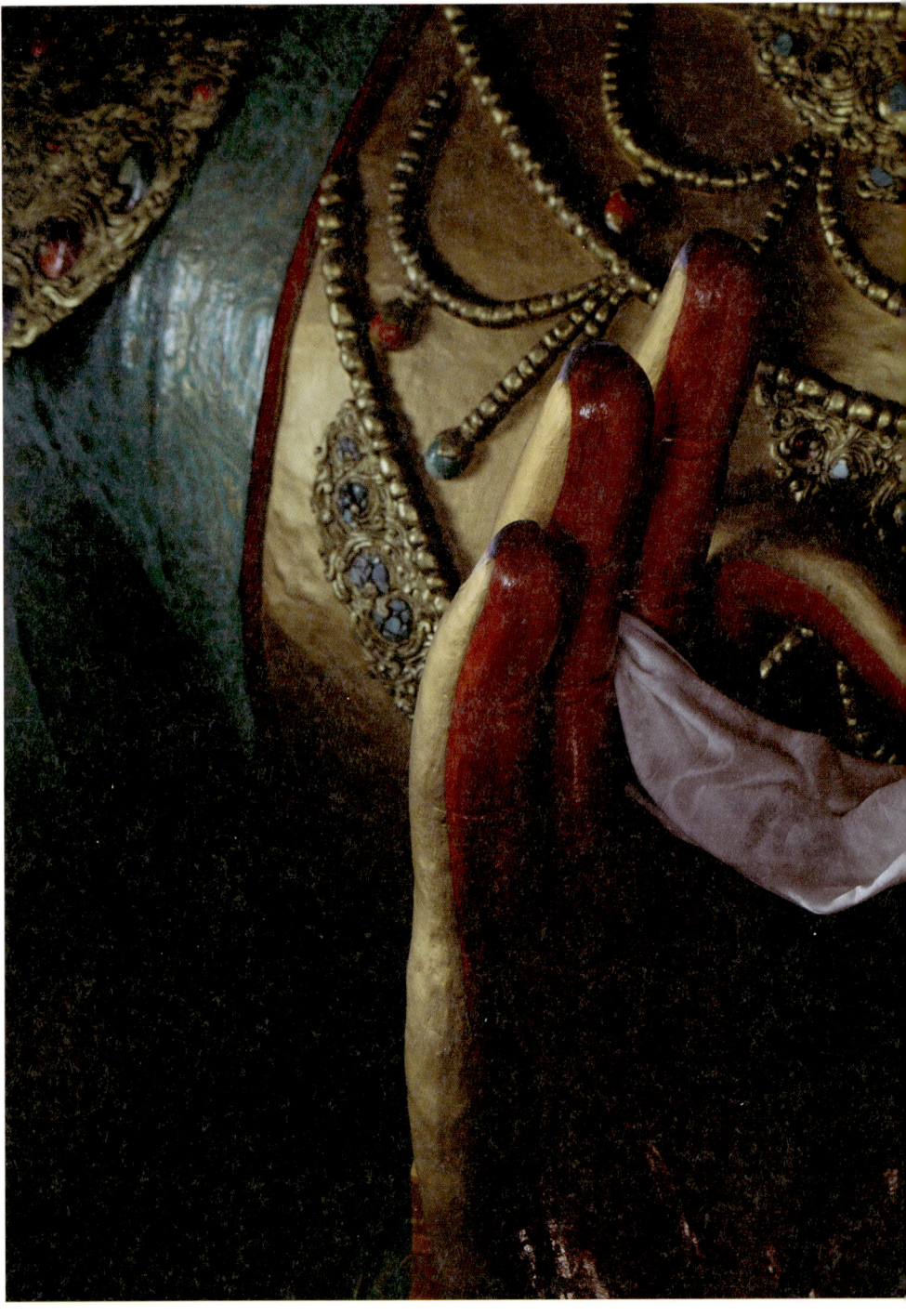

실을 붓다의 사상이 상층 카스트에 편향되었다고 이해하기보다는 사회 개혁 차원에서 큰 영향력을 끼치지 못했기 때문이라고 이해하는 것이 더 낫지 않을까 싶다. 계급이 낮은 사람들이 '깨달음'이라는 정신의 문제 안으로 접어든다는 것 자체가 현실적으로 매우 어려운 일이다. 낮은 계층 사람들이 안고 있는 가장 절박한 문제는 먹고사는 물질의 문제다.

불교가 브라만 중심의 계급 사회에 대한 비판에서 출발한 것은 맞다. 하지만 그렇다고 그것을 사회 운동 차원과 연계해 해석해서는 안 된다. 초기 불교가 낮은 계층의 지지로 만들어진 것이 아니라 특권층의 지지를 받아 이루어졌다는 것은 역사적으로 명백한 사실이다. 역사적으로 인도에서뿐만 아니라 불교가 전파된 여러 나라에 그것이 그 나라의 사회 질서를 유지하는 보수적 이데올로기로 더 적극적인 역할을 하였다는 사실은 이러한 붓다의 사회관에서 출발한 전통의 산물이다.

『상윳따 니까야』를 보면 붓다와 브라만 순다리까 바라드와자 Sundarika Bharadvaja의 대화가 나온다. 카스트에 대한 대화인데, 여기에서 붓다는 그 브라만에게 어떤 사람을 평가하기 위해서는 그의 가문을 묻지 말고 행위를 물어야 한다고 하였다. 붓다는 다음과 같은 비유로 설명한다.

출생을 묻지 말고 행위를 물으시오.
어떤 나무를 태워도 똑같이 불이 생겨나는 것과 같이

비천한 혈통에서도 훌륭한 성인이 나오는 것이니
부끄러움으로 자신을 자제할 줄 아는 이야말로
혈통이 훌륭한 사람이오.

—『상윳따 니까야』 7. 1. 9

이를 통해 우리는 붓다가 가문이나 혈통이 갖는 비합리적이고 비인격적인 의미의 당시 패러다임을 비판하였음을 알 수 있다. 붓다는 모든 점에서 합리적 자세를 놓지 않았다. 사회 계급에 관한 것도 마찬가지고, 종교 숭배 행위도 마찬가지다. 그는 어떤 행위가 합리성을 잃으면서 기계적 의례로 되고, 그것을 기준으로 사람들의 행위를 판가름하는 것을 못하게 하였다. 하지만 그 행위가 사회적으로 합리성을 띠면 아무런 문제가 안 된다는 것이다. 카스트를 사회적 직분으로 생각하고 사회 내에서는 각 집단의 조화 차원에서 이것이 필요하다고 본 것은 바로 이 사회적 합리성 차원에서 고려해야 한다.

붓다가 육방六方 숭배라는 힌두교의 종교 숭배 행위에 대해서 어떤 자세를 취했는지를 보면 그의 합리적 세계관을 더 확실하게 이해할 수 있다. 『디가 니까야』에 나오는 육방 숭배에 대해 붓다는 중도적 합리성에 따라 예부터 내려오는 힌두교의 전통과 다른 해석을 하였다. 붓다는 방향 숭배가 신神을 숭배하는 것과 같이 비합리적인 성격을 띠는 것을 버리면 무방하다고 하였다. 중요한 것은 내용이지 형식이 아니라는 것이다. 그래서 여섯 방향을 '부모=동, 스승=남, 아내

+아이 즉 가정=서, 친구=북, 종=아래, 사문+브라흐만=위'로 해석한 것이다.

재가 신도들이 힌두교에서 행하는 자연 숭배의 일환인 방향 숭배를 완전히 부인하는 것이 불가능하다고 판단하였기 때문에 그것을 교정하여 사회에 더 도움이 되도록 방향을 튼 것이다. 여기서 우리는 붓다가 분명히 사회 질서를 안정적으로 유지하려는 데 큰 의미를 두었음을 다시 한 번 확인할 수 있다. 육방 숭배에 대한 붓다의 태도는 방향을 성스러운, 즉 주술적·의례적 힘을 가지고 있는 개체로 숭배하지 말라고 한 것이다. 그 대신 사회 질서를 유지하는 차원에서 그것을 구성하는 각 개체를 존중하는 마음으로 삼으라는 것이다. 붓다는 중용과 조화를 중시한 합리주의자다.

붓다의 사회관은 카스트 제도의 폐기를 주장하지는 않았지만 당시는 물론 그 이후로도 인도 사회에 상당한 반향을 불러일으켰다. 붓다는 결과적으로 사회 구조에 아무런 변화를 가져오지는 못하면서 자유와 평등과 박애에 대한 환상밖에 창조하지 않았을지도 모른다. 하지만 그가 인도사에서 가장 큰 사회 운동을 한 것은 분명하다.

인도사에서는 단 한 번도 자유와 평등을 기반으로 하는 새로운 사회를 건설하려는 시도가 성공한 적이 없다. 카스트 구조를 대체할 만한 물질적 구조를 그 사회 안에 이식하지 못했기 때문이다. 그러려면 브라만 세력이 몰락하면서 그들이 세운 지배 이데올로기가 폐기되어야 하고 그 위를 자유와 평등을 원하는 일단의 다른 세력이 서야 한다. 하지만 그런 일이 인도사에서는 일어나지 않았다. 비록 자생적

이지는 않았지만 다른 사회에서와 달리 인도에서는 근대화조차도 카스트 체계를 완전히 폐기하지 못했다. 브라만이 심어놓은 세 치 혀의 힘이 로마 귀족이 노예에게 휘두른 채찍의 힘보다 훨씬 막강했기 때문이다.

불교는 살고 붓다는 죽었다

붓다가 활동했을 당시 인도인이 지켜야 할 인생의 가장 큰 도리이자 의무는 바르나(카스트)와 함께 아슈라마 ashrama 라고 하는 인생의 단계였다. 아슈라마는 사람이라면 모름지기 거쳐야 할 인생의 세 단계다. 첫째는 베다의 세계관을 공부하는 단계다. 둘째는 결혼해서 가정을 꾸려 자식을 양육하며 부모를 모시고 사는 단계다. 셋째는 은퇴해서 숲으로 들어가 명상의 삶을 사는 단계다.

세 단계를 모두 할 수 있는 계급은 브라만뿐이다. 끄샤뜨리야와 바이샤는 첫 번째 단계는 할 수 없지만 두 번째 단계는 반드시 해야 한다. 따라서 이 세 단계의 중심은 두 번째 단계다. 두 번째 단계에서 가장 가치 있는 행동은 신에게 제사를 잘 지내는 것이다. 모든 것이 브라만에게 바치는 제사 중심의 질서로 귀결되는 것이다.

이러한 아슈라마 또한 붓다의 주요 비판 대상이 되었다. 붓다는 브라만이 제사라는 의무를 설정해놓은 테두리 안에서 단계적으로 살아가지 말고 세상 밖으로 나오라고 했다. 붓다에게 사회 안에서의 삶이란 장애물로 가득 차 있고 욕정에 얽매어 있을 뿐이다. 하지만 모든 세상을 버린 자의 삶은 공기와 같이 자유스럽다. 그래서 그는『숫따니빠따』에서 세상의 끈을 끊어버리고 물고기를 덮친 그 그물을 찢어버리고 세상을 나가 다시는 돌아오지 말라고 했다. 그리고 홀로 유랑하라고 했다. 따라서 붓다를 따르는 출가 수행자들은 우기 넉 달을 제외하고는 철저히 혼자였다. 그들은 사회와 완전히 격리된 생활을 하였다.

시간이 가면서 어느덧 힌두교에서도 붓다와 그 시대 유행자들이 주장한 기세棄世 사상을 받아들였다. 기세 행위는 힌두교의 '인생의 네 단계'(아슈라마)로 종합되었다. 그리고 기세는 어느덧 힌두교 정통의 하나로 자리 잡게 되었다. 그러면서 앞의 세 단계가 추구하는 바와 뒤의 네 번째 단계가 추구하는 바는 철저한 모순임에도 다양함의 공존이라는 새로운 원리 안에서 통합되었다. 그리고 이제 사회 질서를 보호하는 브라만이 그것과 모순되는 기세 행위를 옹호하는 자가 된다. 이것이 힌두교의 힘이다.

그 어느 것이든 어떠한 모순이든 힌두교 안에서 통합될 수 없는 것은 없다. 제사를 반대하고 세상을 부인하고 떠나는 원리와 제사를 위해 존재하는 원리가 하나의 틀 안에서 공존하는 원리가 힌두교다. 그리고 급진적 진보를 주창한 불교는 지금 그 엄청난 힘의 외피에 둘러싸여 있다.

보수적 사회 전통인 힌두교는 진보적 사회 행위를 받아들이는 종합으로 사회화했다. 반면 진보적 사회관을 펼친 붓다와 제자들은 사회 안으로 들어가 재가자들의 사회적 행위를 받아들이는 종합의 보수화로 사회화를 이루었다. 양자가 좌와 우에서 같은 맥락의 일을 동시에 하는 것이다. 그러면서 보수와 진보는 중간에서 만난다. 그럴 때마다 진보는 보수에 흡수되는 것이 역사적 상례다. 붓다의 법도 그러했다.

모든 역사에서 볼 수 있듯 붓다의 세상 밖에 대한 가르침이 꽃피우는 것보다는 세상 안의 가르침이 꽃피우는 것이 훨씬 더 개연성이 크기 때문이다. 종교나 사상의 역사를 보면 진보든 보수든 한쪽 끝의 근본만 주장하는 것은 정신은 살릴지 모르지만 역사적 소임을 다할 수는 없다. 양쪽의 중간에 서서 중용과 조화를 추구하는 것은 오랫동안 역사적 소임을 하되 항상 사회 중심적인 보수화의 결과를 가져오기 때문이다. 붓다의 중도적 태도이자 이중적 태도 또한 그러한 역사적 결과와 크게 다르지 않게 나타난 것이다.

붓다의 평등과 자유에 대한 열망은 비록 공동체라는 한계 안에서 추구한 것이었지만 초기 불교 내내 그 힘이 꺼지지는 않았다. 하지만 불교가 재가 사회 안으로 적극 포섭되면서 새롭게 탈바꿈하여 나타난 대승 불교는 이러한 전통을 유지하고자 하지 않았다. 사실 붓다의 운동이 사회에 전혀 영향을 끼치지 못한 것은 사회 바깥에 이상적 공동체를 건설하고자 한 붓다의 사회관 때문이기도 하지만 제자들이

그의 중도적이고 이중적인 태도를 이해하지 못했거나 실천에 실패하였기 때문이다.

대승 불교는 붓다의 진보적 세계관을 여러 가지 방편 가운데 하나로 약화시키면서 역사인 붓다가 주장한 사회 이론을 정면으로 반박하였다. 시간이 가면서 붓다가 추구한 계급 타파 공동체 정신은 대중화라는 핑계로 사라졌다. 그리고 그 대중화는 사회 안에서 기득권 세력을 떠받드는 한 축이 되었다.

대승 불교라는 불교의 대중화와 붓다의 사회 밖 공동체 건설은 본질에서 양립할 수 없다. 원래 재가 신자는 본질적 의미에서 볼 때 철저히 반붓다적이다. 그들은 출가하지 않았으므로 불교의 궁극적 목표인 깨달음을 실질적으로 포기한 자들이었다. 그들의 이상은 선행을 함으로써 자신의 업보를 개선하여 윤회의 세계 안에서 지금보다 더 나은 상태로 환생하고자 하는 것이었다.

이것은 분명히 붓다가 추구하는 이상에 철저히 배치되는 것이지만 그들로서는 그들이 처한 생태 내에서 추구할 수 있는 최상의 것이었다. 따라서 그들은 공덕을 쌓는 일이 최대의 목표였다. 그 목표를 달성하는 과정에서 이미 이 사회를 떠난 출가승들을 만났고 사원에 기부를 했다. 사회와 많이 접촉할수록 사원에 기부를 많이 했고 기부가 많아질수록 사원은 권력형 사회 집단으로 변했다.

이러한 현상은 붓다의 진보적 세계관이 결국 평등과 박애에 대한 환상이었음을 보여준다. 그는 평등한 유토피아를 건설하려 하였으나 사회 밖에 건설하려 하였다. 그리고 사회 안에 있는 사람에 대한 박애 정신 때문에 그 공동체가 사회와 완전히 단절할 수 없었다. 사실 엄밀하게 말하면, 진보는 다수에 대한 비판을 기반으로 하는 것이고 그 위에서 항상 변화를 추구하는 것이라서 소수일 수밖에 없다.

그렇지만 어느 곳에서든지 소수는 사회 변화를 위한 싸움에서 영향력을 행사하기가 매우 어렵다. 그래서 진보주의자들은 소수로 남아서 사라져버리거나 아니면 사회에 영향력을 끼치기 위해 다수가 되려 전략을 세우고 그것을 위해 대중화 노선을 택한다. 그러고서 다수가 되면 평등과 박애에 관한 초기 정신은 사라져버리고 그 앞에 권력 의지만 남는다. 그러면 다시 소수화 전략을 세운다. 그리고 또 무기력해진다. 그러면 다시 권력 의지를 불태우면서 다수화 전략을 세운다. 영원히 끝이 나지 않을 진보를 둘러싼 뫼비우스의 띠인 셈이다. 여기에 진보의 슬픔이 있다.

붓다의 진보적 세계관은 카스트 사회 바깥에서는 무기력하고, 카스트 사회 안에서는 사라져버린다. 한국 사회에서 진보 정당의 본질적 고민이 붓다가 서 있던 바로 그 지점에 있다. 대중화할 것이냐 말 것이냐가 고민이다. 붓다는 환상 속에서 중도를 택했으나 제자들은 대중화를 택했다. 그리고 불교는 살고 붓다는 죽었다. 이제 불교는 살고 붓다는 죽은 그 슬픈 붓다의 역사를 본격적으로 풀어보자.

4장
더불어 사는 것이 경제다

출가자와
재가자

　　초기 경전인 『앙굿따라 니까야^{Anguttara Nikaya, 增支部 니까야}』에는 수많은 동물을 잡아 희생제를 지내는 욱가따사리라^{Uggatasarira}라는 이름의 브라만이 붓다의 충고를 듣고 암소를 모두 풀어주었다는 이야기가 나온다. 『상윳따 니까야』에는 꼬살라국의 왕 쁘라세나지뜨가 슈라와스띠를 방문하였을 때 황소 500마리, 수송아지 500마리, 암송아지 500마리, 양 500마리를 바치는 거대한 희생제를 거행하려다가 붓다의 충고를 듣고 제사를 지내지 않았다는 일화도 있다.

　　『숫따니빠따』에 따르면 어떤 늙은 부자 브라만이 제따와나^{Jetavana}(기원정사)에 머물던 붓다를 예방하여 그들이 행하던 희생제가 전대부터 이어져온 전통과 들어맞는지 물어본다. 이에 대해 붓다는 그렇지 않다고 대답하면서 소가 희생제에서 도살되어서는 안 된다고 주장한다. 붓다는 그 이유를 『숫따니빠따』의 「브라흐마나담미까숫따Brahmanadhammikasutta」(브라만의 삶에 대한 경)에서 다음과 같이 설명한다.

> 소는 우리 부모나 다른 친척들과 같이 우리에게 가장 소중한 친구입니다. 소는 우리에게 유제품을 주기도 하지요. 소는 음식을 제공하고, 힘을 주고, 훌륭한 용모를 주며, 건강까지 줍니다. 소에게 이러한 이익이 있음을 알기 때문에 소를 죽이지 않은 겁니다.
> ―『숫따니빠따』「브라흐마나담미까숫따」 17

이 이야기를 듣고 그 브라만은 암소 죽이는 일을 그만두었다고 전해진다. 실제로 붓다의 제사 반대를 토대로 한 불살생의 여파는 매우 심각하여 나중에 힌두교도 이를 적극 받아들이게 되었다.

이렇게 붓다가 소 희생제를 하지 말라는 궁극적 의미는 무엇일까? 후대 일각에서 말하는 바와 같이 붓다가 동물의 생명을 존중하고 그 생명이 인간의 생명과 마찬가지로 소중하기 때문에 그런 것은 아니다. 그것은 붓다가 동물의 생명에 대해 크게 고민한 적이 없었기 때문이다.

붓다의 가르침인 초기 불교 경전에 따르면 동물은 인간보다 매우 열등한 존재다. 그것들은 지혜의 능력이 결핍된 터라 붓다의 가르침을 이해할 수도 없어서 궁극적으로 해탈에 도달할 수 없다. 도덕적으로 볼 때 그들은 난교와 근친상간을 하는 저열하고 사악한 존재다.

영원한 고통에 종속되어 있어서 그 존재는 극도로 불행하다. 동물에 대해 붓다는 이렇게 부정적인 평가를 했다. 그런데 동물 특히 소를 희생물로 제사 지내지 말라고 한 것은 무슨 의미인가?

그 의미는 붓다의 경제관 특히 그가 재가자들에게 남긴 경제에 대한 가르침에서 찾아야 한다. 붓다는 세상을 떠나 유랑 생활을 하며 궁극을 추구하던 자신의 제자들에게 경제 행위를 전혀 하지 말라고 했다. 이는 생산 포기라는 매우 급진적인 경제관이다. 이러한 태도 때문에 붓다의 경제관은 사회 내의 경제와 어떠한 형태의 관련도 있을 수 없다고 생각할 수 있다.

하지만 그것은 붓다가 출가자와 재가자에게 각기 다른 가르침을 준 이중 태도를 보였다는 사실을 무시하기 때문에 생긴 결과다. 붓다는 세상을 떠나지 않은 자에게는 출가자에게 가르친 것과 달리 경제 행위를 적극적으로 해야 한다고 가르쳤던 것이다.

붓다는 해탈이라는 궁극을 추구하지 못하고 사회에 남아 사는 사람들을 포기하지 않았다. 비록 그들은 자신의 가르침을 따르지 않는 어리석음을 범하였으나 그들 나름대로 추구하는 바에 따라 인간답게 살 가치가 있다고 믿은 것이다. 그는 사회 안에 남은 사람들의 종교를 개종하려고 하지 않았다.

인도에서는 이분법적 세계관 위에 세워진 '종교'라는 개념조차 존재하지 않았기 때문에 정확하게 말하면 이러한 언술은 그 자체가 모순이다. 하지만 그는 자신을 따르지 않은 사람들이 힌두교 전통에서 살더라도 속지 말고 제대로 살도록 교화하는 것을 자신의 사명으로

삼았을 뿐이다. 좀 더 쉬운 말로 하면 상대에게 적대 관점을 지닌 채 그와는 정체성이 다른 자신의 집단으로 포섭하는 의미의 개종을 시도하지 않고 그 안에서 살되 그 나름대로 안락하게 살 수 있도록 가르친 것이다.

이러한 붓다의 태도는 한국 사회에서 쉽게 볼 수 있는 이른바 진보 진영의 논리와는 전적으로 다르다. 19대 대통령 선거에서 패한 민주당 지지자 일부가 기초노령연금 삭감을 주장하고 나선 것이나 같은 당에 있을 때는 동지로 지내지만 당을 부수고 새로운 당을 만들어 나갈 때는 보수 진영의 적보다 더 사무치는 감정의 적이 되는 것과는 다르다.

진영 논리에 빠진 사람들은 말로는 이윤보다 인간을 외친다. 하지만 실제로는 사람보다 세력을 갈구하고 인간보다 표를 찾는다. 같은 진영에 대해서는 비판과 토론이 없고 같은 진영에 있지 않은 사람들에 대해서는 공격이 도를 넘는 경우가 많다. 그런 자세로 세상을 바꾸겠다고 생각하는 것 자체가 어불성설이다.

붓다가 소 희생제를 해서는 안 된다고 강조한 말은 자신이 확보한 재산, 모든 경제의 근원이 되는 종자와 같은 소를 브라만 같은 사제들이 하는 제사에 속아 바치지 말고 잘 지켜 가난하게 살지 말라는 뜻과 연계되어 있다. 붓다는 가난을 죄의 뿌리라고 보았다. 유목 시대 1,000년 동안 지속하여온 소 희생 제사는 새롭게 등장한 농경 정착과 그 위에서 성립된 활발한 교역 행위를 통해 끄샤뜨리야와 바이샤 카스트가 성장하고 국가 권력이 막강해지는 것을 구조적 특징으로 하는 새로운 사회를 위협하는 것이었다.

붓다가 새로운 사회를 전적으로 지지한 것은 아니었다. 그래서 그는 그 사회를 버리고 떠나갈 것을 필요조건으로 제시하였다. 하지만 그 안에 남은 사람들에게는 새로운 경제 체제에서 인간답게 살 수 있도록 가르침을 주고자 했다. 붓다는 『디가 니까야』에서 정부가 범죄를 저지른 자에게 가혹한 형벌을 가하는 것은 아무런 효과가 없다고 가르친다.

범죄를 근절하려면 인민의 경제적 여건을 개선해야 하니 농민에게는 곡식과 농사일을 할 수 있는 설비를 제공해야 하고 상인들에게는 자본을 제공해야 하며, 노동자에게는 정당한 임금을 지급해야 한다고 했다. 이러한 식으로 충분한 소득을 벌어들일 기회를 주면 인민은 만족하고 범죄는 자연스럽게 줄어든다고 역설했다. 붓다의 가르침은 재가 신도의 경제 여건이 개선되어야 한다는 데 초점을 맞춘 것이다.

붓다가 가르친 불살생의 의미는 결국 소 희생제에 대한 반대에서 나왔다. 그것은 다시 동물의 생명 존중이 아니라 궁극을 추구하지 못한 채 사회에 남아 있는 가련한 인민에 대한 자비를 바탕으로 한 것이다. 붓다의 이러한 정신은 결국 힌두교에 큰 영향을 끼쳐 그들 또한 소 희생제를 금지하고 불살생의 가르침을 주요 덕목으로 세운다. 시간이 흐르면서 인민에 대한 자비라고 하는 알맹이는 사라지고 불살생이라는 계율의 껍데기만 남았지만 그래도 역사에서 진보의 힘이 나오는 중요한 대목이다.

『숫따니빠따』의 「마하망갈라 숫따$^{\text{Mahamangala Sutta}}$」(위대한 축복의 경)에서 행복한 삶을 영위하기 위해 붓다는 재가 신도들에게 다음과 같은 가르침을 남긴다.

> 많이 배우고, 기술을 익히며 절제하고 훈련하여 의미 있는 대화를 나누라. 이것이 더없는 축복이다. 부모를 잘 섬기고, 처자를 잘 돌보고, 편안한 마음으로 일을 계속 수행하라. 이것이 더없는 축복이다.
> ―『숫따니빠따』「마하망갈라 숫따」 1. 6. 7

붓다는 일에 열중하고 정진하는 것은 필연적으로 영리를 추구하는 것이고, 그 결과로 재화가 축적되고 그것이 생활을 제대로 영위하도록 하게 해주는 근본이 된다고 했다. 또 재화를 축적하기 위해서 어떤 일이든 가리지 않고 해서는 안 되며 다만 바른 일을 행해야 하고 다음으로는 절제된 소비를 하면서 저축에 힘써야 한다고 가르쳤다. 재화 축적보다는 사치 향락을 더 경계해야 한다는 것이 그의 가르침이다.

그러면 저축된 재화는 어디에 쓸 것인가? 한편으로는 투자할 것을 장려하면서 다른 한편으로는 기세자들에게 시여施與할 것을 주문한다. 이러한 붓다의 자세 가운데 후자는 전형적인 당시 힌두교의 태도와 일치한다. 힌두교에서도 누구든 자신의 재화를 사회 밖의 기세자들에게 시여할 것을 가르쳤다. 당시 기세자들을 힌두교에 속하는 자들인지 불교나 자이나교에 속하는 자들인지 분간하기는 불가능하였다. 그들 또한 그러한 분간에 아무런 신경도 쓰지 않았기 때문에 이를 두고 마치 붓다가 자신의 공동체에게만 물질을 바치라고 한 것으로 오해해서는 안 된다.

하지만 붓다가 축적된 재화를 앞을 내다보고 투자할 것을 가르친 것은 힌두교 전통으로부터 진일보한 매우 진보적인 사상이다. 그는 브라만이 행하는 희생 제사가 사회의 재화를 갉아먹고 그 결과 인민이 고통스럽게 산다고 간파하였기 때문이다. 그래서 그는 재가자들에게 재화를 유용하게 굴려 영리를 만들고 그것을 모두가 편안한 사회를 만드는 기초로 삼기를 바랐다.

■ 부와 가난
　모두
　경계하다

　붓다의 재가 신도들에 대한 경제적 태도 또한 예의 기원전 6세기 인도 동북부 지역에서 발생한 농경-도시-화폐 경제의 환경에서 나왔다. 그는 궁극적으로 당시 인도의 새로운 도시 문명을 극복해야 할 대상으로 보면서 사회를 버리고 그 밖으로 나오는 것이 최상의 선택이라고 했다. 하지만 그럴 수 없다면, 즉 사회 안에 남을 수밖에 없다면 적어도 차악인 브라만이 치르는 소 희생 제사를 지내지 말고, 잘 생산하고 영리를 추구하여 재화를 축적하고 제대로 투자하기를 바랐다.

　붓다가 상가에 빚쟁이가 들어오지 못하게 한 것도 이러한 맥락에서 이해해야 한다. 붓다는 빚쟁이를 부자들에게 속은 피해자 또는 착취당한 민중으로 보지 않고 여럿이 평등하게 더 잘살 수 있는 새로운 질서를 수립하는 데 도움이 되지 않는 자로 보았다. 그가 세운 상가가 주로 국가와 행정을 담당하는 끄샤뜨리야와 교역과 영리 사업을 자신의 일로 삼은 바이샤의 전폭적 지지를 받은 것은 다 이와 같은 사고 때문이었다. 반면 당시 브라만 법전은 영리를 추구하는 것을 수준 이하의 비인간적 행위라 규정하였다.

당시 사회에서는 새롭게 세워진 경제 개념인 영리를 추구하는 것이야말로 기존의 사회 구조를 바꿀 수 있는 진보적 행위였다. 붓다는 영리를 추구하여 일정 부분 재산을 확보해야 인민이 인간성을 담보받을 수 있다고 생각했다. 이는 마치 마르크스가 영국의 식민 지배는 나쁘지만, 그들이 가지고 간 근대 자본주의가 인도의 '전제 군주가 통치하는 변화 없는 아시아적 사회'를 끝장낼 것으로 바라본 것과 비슷한 맥락이다.

인민이 생산력을 확보하면 독립된 사회관계를 유지할 수 있어서 강고한 봉건 구조를 타파할 수 있다는 논리다. 이런 점에서 붓다와 마르크스는 비슷한 생각을 하는 애민주의자다. 붓다와 마르크스가 공동 사회를 추구한 것 또한 둘의 경제관념이 비슷했기 때문일 것이다.

붓다는 재가 신도의 경제 행위에 대해 다른 부문에 대해서와 마찬가지로 한쪽으로 편향된 자세를 취하지 않았다. 붓다는 세상을 부인하고 떠났지만 세상 속에서 살아가야 하는 사람들을 버리지는 않았다. 그는 수시로 세상 안으로 들어가 그들의 삶을 위해 가르침을 주었다. 반드시 지켜야 할 몇 가지 가르침을 주기도 했다. 『앙굿따라 니까야』에는 붓다의 가르침이 다음과 같이 나온다.

> 우선 자신의 일에 숙련되어야 하고, 능력을 갖추어야 하며 근면하고 원기왕성해야 한다. 열심히 일하여 정당하게 소득을 보존해야 한다. 성실하고, 학식이 있으며, 덕망이 있고, 도량이 크고 자신을 바르게 인도해줄 친구를 사귀어야 한다. 너무 많지도 않고, 너무 적지도 않게 자신의 소득에 맞게 합리적으로 소비해야 한다.
>
> ─『앙굿따라 니까야』 4. 281

붓다는 돈이 없어서 가난하게 사는 것이나 돈을 너무 많이 모아 사치스럽게 사는 것 모두 해서는 안 될 짓으로 경계하였다. 이러한 맥락에서 붓다는 사업하는 사람에게 혜안(비전), 명민함, 신용 세 가지를 갖추어야 한다고 가르쳤다. 혜안을 통해서 상품 매매, 가격, 이득에 대해 전문 지식을 가져야 함을 역설하였다. 다음으로 명민함을 통해 상품을 영리하게 사들여 약게 팔아 이익을 남길 수 있는 전략 또는 기술을 갖출 것을 주문하였다. 그리고 신용을 통해 상거래하면서 서로 확실한 토대를 쌓아야 하고 그 위에서 거래가 되어야 유능한 것이라고 가르쳤다.

이러한 붓다의 사업에 대한 관점은 매우 도덕적이다. 해탈을 얻기 위해 가야 하는 팔정도와 직접 관련은 없겠지만, 큰 맥락에서는 그 안에 포괄될 수 있으니 그 가운데 정명正命과 정정진正精進에 해당한다고 할 수 있다. 이를 풀어 말하면 사업을 통해 이익을 얻는 행위는 개인의 현명함을 바탕으로 해야 하는데 그것은 반드시 정직한 도덕에 기초해야 한다는 것이다. 따라서 시장에서는 반드시 거래가 공정하

게 이루어져야 하니 자본이 많은 자가 독식을 해서도 안 되고, 현명치 못하여 모두 잃어서도 안 된다는 의미다. 공정한 거래는 화폐, 도량형, 거래 규칙 등이 정직하게 유지되는 상황에서 이루어진 것이다. 이를 위해서는 시장과 도로 등이 잘 갖추어져야 한다. 그리고 국가는 이를 잘 관리해야 한다.

이러한 경제관은 기원전 6세기 새로 일어난 도시 경제를 잘 활용하여 브라만이라는 기득권 세력을 견제하고 국가와 도시 그리고 화폐 경제를 기반으로 한 신흥 세력에게 힘을 주어야 한다는 붓다의 역사관에서 비롯한다. 붓다가 말하기를 예전의 브라만은 비록 출가하지 않았지만 항상 금욕적이고 감각과 물질을 버렸는데, 지금의 브라만은 제사를 통해 가축, 금, 곡식 등을 쌓아두고 살며 타락했다고 했다. 그의 이러한 탄식은 경제 권력 독식에 대한 비판의 맥락에서 이해해야 한다.

이는 제사가 대규모로 커져 소를 엄청나게 많이 죽이고, 그를 통해 재산을 독식함을 비판하는 것이지 사회 내에 존재하는 사유 재산 자체를 부정하는 것은 아니다. 따라서 탐욕스러운 브라만에게서 벗어나려면 영리해야 하며, 그 위에서 소를 바치지 말고 재산을 쌓아 그들에게 당하지 말고 살아가야 한다는 의미다.

붓다의 이러한 경제관은 근대 유럽에서 제기된 막스 베버의 전문 직업, 소명 의식, 청교도 정신 등이 자본주의를 일어나게 한다는 사상과 맥을 같이한다고 봐도 무방할 듯하다. 베버는 자본의 축적은 근검절약하는 청교도 정신을 바탕으로 하며 그것이 생산을 활발하게 하는 자본주의를 낳았다고 했는데 그 밑바탕에는 윤리가 반드시 깔렸다고 보았다. 이 점에서 붓다 또한 베버와 크게 다르지 않다. 다만 그러한 도덕과 이익의 축적이 궁극적인 것이 아니라 사회 안에 남은 자를 위한 차선책이었다는 점만 다를 뿐이다.

그런데 베버는 중국이나 인도에서는 이러한 사고가 모자랐다고 했다. 그것은 베버가 역사인 붓다, 후대 제자들이 죽여버린 붓다의 경제관을 제대로 알지 못했기 때문이다. 그가 궁극을 추구하는 스승으로서의 붓다가 아닌 사회에 남아 있는 인민에 대한 자비에서 출발한 경제관념을 이해했다면 붓다와 인도 나아가서 동양에 대한 그의 생각은 바뀌었을 수도 있다. 만약 그렇게 되었다면 자본주의와 식민주의의 역사도 바뀌었을까? 자본주의와 식민주의의 역사가 근대 유럽 사상가들의 사상 전개와 떼려야 뗄 수 없이 전개되었기에 하는 말이다.

이상적인 수행공동체를 꿈꾸다

붓다의 경제관을 도시 문명 속에서 소 희생제를 반대하고 재가자들이 일정한 재산을 확보하여 브라만의 경제 권력에 일방적으로 휘둘리지 말아야 한다고 역설한 개념에서 이해하면 그것은 반쪽만 이해한 것이다. 붓다의 경제관을 이해하려면 그가 궁극으로 추구하는 도시 문명을 버리고 떠나간 것을 먼저 이해해야 한다.

붓다는 힌두교와 그 경전인 베다에 대해서는 철저히 반대하면서 탈세속의 태도를 보였다. 하지만 같은 기세 유행자 집단들과도 여러 가지 면에서 많이 대립했다. 그 가운데 가장 뚜렷한 것이 고행에 대한 관점의 차이였다. 붓다 이외의 여러 기세 집단의 스승들은 대부분 해탈에 이르는 길의 필수 조건으로 극단적 고행을 들었다. 그러나 붓다는 이를 단호히 거부하였다. 붓다는 세상의 감각적 삶도 가치 없지만 극단적 고행을 하는 것 또한 헛된 것이라 했다. 이것이 붓다의 전형적인 중도관이다. 그의 이러한 중도적 고행관은 다른 고행자들로 하여금 기강이 해이해진 것으로 또는 타락한 것으로 심한 비난을 받게 하는 원인으로 작동하였다.

붓다가 상가를 조직한 후 좀 더 큰 세력을 차지하기 위해 분열을 획책한 데와닷따Devadatta가 붓다에게 주문한 것도 바로 엄격한 계율 즉 고행의 문제였다. 데와닷따는 반드시 숲에서 거주하고 좋은 옷을 입지 말며 물고기나 고기를 먹지 말고 재가자가 초대하여 베푼 음식을 받지 말 것 등을 요구하였다. 하지만 붓다는 이를 단호히 거절하였다.

고기만 해도 붓다는 자기를 위해 죽인 고기인 줄 알면서도 먹으면 잘못을 저지르는 것이지만 그렇지 않으면 문제가 없다고 했다. 붓다는 채식주의자가 아니다. 자신은 음식을 위해 동물의 생명을 취하는 짓을 하지 않고 자기 자신에게 바치기 위해 살생하는 것 또한 거부했다. 하지만 사회에서 이미 다른 용도, 즉 힌두교의 제사에 사용하기 위해 살생한 동물은 음식으로 받아들였다. 사회에 남아 힌두교 테두리 안에서 살 수밖에 없는 사람들이 행하는 진심을 배려한 것이다.

붓다가 죽기 전 마지막으로 취한 음식이 돼지고기였다는 것은 기록에 나와 있는 역사적 사실이다. 후대의 불교도가 별의별 논리를 들어 붓다의 마지막 음식이 돼지고기가 아니라고 주장하면서 붓다를 자신들이 하는 채식주의의 교조로 삼으려고 하지만 그것은 붓다의 중도에 대한 모독일 뿐이다. 같은 시대에 활동한 자이나교의 마하위라^{Mahavira}는 극단적인 채식주의의 길을 걸었다. 하지만 붓다는 그러한 극단을 택하지 않고 중도의 길을 걸었다. 이러한 현상은 모두 붓다의 중도적 합리주의와 그 실천적 의미를 제대로 이해하지 못해서 나타난 것이다. 그런데 더 중요한 것은 세상을 얻고자 한 그들이 그를 가만히 놔두지 않았다는 사실이다. 그들에게 필요한 것은 붓다라는 이름이었지 그의 가르침이 아니었다.

결국 붓다의 온건한 중도적 수행을 비난한 많은 고행주의 유행승은 각기 개인적인 고행에 집착했다. 반면 붓다는 한데 어우러져 같이 생활하는 것을 더 선호하였다. 따라서 붓다 이전의 유행자들은 유행자 몇 명이 스승 한 사람 주위에 느슨하게 모인 정도의 집단이었다. 하지만 붓다는 그 모임에 일정한 계율을 부여하여 체계적 집단으로 만들었다. 당시 유행자 집단 사이에서 느슨하지만 정규적인 교단이 처음으로 만들어진 것이다.

붓다가 특히 상가의 규율을 매우 중시한 것은 붓다 사후 상가가 경전을 결집할 때 붓다의 가르침인 경장經藏보다 규율인 율장律藏을 먼저 암송하고 편찬한 것에서도 알 수 있다. 붓다와 초기 제자들이 유독 상가의 유지를 중시하고, 그 차원에서 규율을 만들고 진리에 대한 가르침보다 조직의 규율을 더 우선시하는 태도를 보인 것은 바로 상가라는 것이 다른 유행자들과 다른 정체성을 가져다주는 결정적인 기준이 되었기 때문이다. 그리고 무엇보다도 당시 많은 비난을 피할 수 있는 유일한 방편이었기 때문이다.

하지만 그의 처음 상가는 교단이라 번역하여 쓰기는 하지만 엄밀

히 말하면 교단이라 하기에 곤란한 점이 다소 있다. '공동체' 또는 '모임'이라 번역하는 게 원래 의미와 훨씬 가깝다. 그 원형은 베다 시대에 널리 퍼져 있었으며 붓다가 자란 히말라야 산록의 아주 작은 성 까삘라와스뚜에서 존재했던 공화국의 정치 공동체다. 그 공화국의 정치 공동체는 붓다가 출가한 후 활동하던 마가다나 꼬샬라 같은 군주국끼리의 각축장에서는 이미 오래전에 사라져버렸다.

붓다는 그 공화국의 민주주의 전통이 사라져버린 것을 아쉬워했다. 그래서 그 모델 위에서 자신의 교단을 세운 것이다. 그렇다고 붓다가 건설한 상가 공동체를 조직적 종교 단체로서의 교단으로 볼 수는 없다. 상가가 공동체 생활을 했다 할지라도 그것이 꽉 짜여서 서로 긴밀한 관계를 맺은 모임은 아니었기 때문이다. 적어도 붓다가 활동하던 당시의 상가는 느슨한 조직 안에서 서로 독자적으로 수행하는 개인 모임 수준이었다. 붓다에게 중요한 것은 집단이 아닌 개인이었기 때문이다. 집단은 개인이 추구하는 궁극을 이루기 위해 보조하고 협력하는 단위일 뿐 그것이 개인을 압도해서는 안 되기 때문이다.

붓다는 당시 다른 유행자들과 달리 왜 그렇게 개인의 고행을 멀리하고 공동체 생활을 중시했을까? 심지어 힌두교의 영향 아래 재가자는 대부분 유행자들이 얼마나 더 강하고 자극적인 고행의 계율을 지키는지에 따라 보시하였기 때문에 자신들과 같은 중도적이고 온화한 수행자들에게는 보시 대신 비아냥거림이나 비난이 돌아오기 쉽다는 것을 잘 알았음에도 그렇게 공동체 생활을 하려 한 것은 무엇 때문일까?

그것은 그가 갠지스 강 유역에서 성행한 브라만 중심의 불평등과 제사 의례 중심의 사회에서 화폐 중심의 시장 경제와 무한경쟁 사회가 이 세상의 고통의 원천이라고 보았기 때문이다. 붓다는 이를 정면으로 반대했는데, 그 해결책을 자신이 자라난 환경에서 찾았다.

그는 민주주의적 전통을 가지고 있던 히말라야의 작은 공화국에서 자랐다. 그런데 그 문화를 동경하는 속에서 세상이 그것에 반하면서 공동체 문화를 해체하고 개인이 군림하고 차별하는 것을 목격했기 때문이다. 그래서 그는 민주주의적 공동체 규율을 먼저 세우고 그 안에서 개인의 궁극을 추구하고자 했다. 영적으로는 집단적 의례주의에 반대하는 개인주의지만 사회적으로는 공동체의 회복을 주창한 것이다.

그래서 공화국의 민주주의 전통 위에서 붓다의 상가는 철저히 자치적으로 운영되었고, 그 안에서의 권력 다툼은 철저히 봉쇄되었다. 심지어 붓다 사후 상가는 붓다의 아주 가까운 제자이면서 많은 재가 신도가 따르던 최고의 어른인 아난다에게도 비판을 주저하지 않았다. 그 또한 상가의 비판을 겸허히 받아들였다. 붓다 스스로 권위주의를 만들지 않았으니, 그 안에는 존경과 권위는 있을지언정 조직 논리나 권위 의식이 설 자리가 없었다.

정사의 탄생과 정착

　붓다가 공동체를 민주적으로 운영한 것은 결국 주변의 많은 브라만과 왕에게 큰 감명을 주었다. 이러한 상황에서 불교 역사를 바꾼 결정적 계기가 된 사건이 하나 발생한다. 붓다와 제자들이 꾸려나가는 화합적이고 민주적인 교단 운영에 감동한 마가다 국왕 빔비사라가 붓다 일행에게 재산을 기증한 것이다.

　국왕은 도시에서 멀지 않고 가깝지도 않으면서 사람들로 붐비지도 않고 사람들을 만나기도 쉬운 곳으로 한 대나무 숲을 기증하였다. 이는 불교사에 획기적인 계기가 되었다. 지금까지 다른 유행자 집단에 건물이 갖춰지지 않고 풀과 나무만 있어 거처 용도로만 쓸 수 있는 것이 주어진 일이 있고 재가자 브라만에게는 토지를 분봉한 일은 있었다. 하지만 재산으로서 영구 거처인 정사精舍를 기증받은 것은 처음 있는 일이었다. 이로써 불교는 사회 밖으로 나가 유행하다가 새로운 형태의 사회를 구성하여 정착하는 단계로 접어들게 되었다.

상가가 유행자 공동체에서 정사로 자리 잡는 획기적인 변화가 생긴 것은 인도의 자연 환경 때문이었다. 바로 우기가 있다는 것이었다. 북부 인도에서는 일 년에 정기적으로 넉 달 정도는 심한 우기가 온다. 북부 인도는 한국과 달리 계절을 크게 우기와 건기로 나눌 정도로 우기의 존재감은 크다. 이 우기는 심할 때는 21세기인 지금도 맞닥뜨리기가 그리 녹록지 않다. 그런데 지금부터 2,500여 년 전에는 그 존재감이 얼마나 컸을지 말할 필요가 없을 것이다.

우기의 가장 중요한 문제는 출가 유행자들이 탁발하러 돌아다니는 일이 원천적으로 불가능할 수밖에 없게 된다는 사실이다. 당시는 사람들이 다니는 길이 지금같이 닦여 있지 않았다. 그리고 비록 철기 농기구가 보급되어 잉여 농산물이 나올 수 있었다지만 농사나 장사 활동을 악천후에서도 평상시와 같이할 수 있는 것은 아니었다. 무엇보다도 비가 쏟아지는 상황에서 거주지를 큰 나무 밑이나 화장터 같은 데다 잡을 수가 없었기 때문에 그런 방식으로는 탁발하러 돌아다닌다는 것 자체가 불가능했다.

그렇지만 우기는 붓다 이전에도 있었고, 붓다 주변의 여러 유행자도 맞닥뜨리는 문제였다. 그들 가운데 일부는 고행 차원에서 우기를 피하지 않았다. 우기를 버텨나가는 것을 자신의 고행 내공을 판단받는 중요한 기준으로 삼기까지 했으니 우기 동안에도 계속 탁발하러 다니는 경우가 있었다. 어떤 유행자들은 우기 때는 아예 탁발하러 다니지 않고 안거에서 거주한 예도 있었다.

붓다는 처음에는 전자와 입장을 같이한 것으로 보인다. 그것은 『마하왁가』에 기록된 것을 보면 알 수 있다. 이 기록은 우기에 다른 교단의 수행자들은 한곳에 머물며 수행하는데 왜 붓다의 제자들은 우기에도 돌아다니면서 농사를 방해하는지 모르겠다고 짜증 내는 사회의 시선을 보여준다.

> 석자 사문이라는 사람들은 왜 겨울이건 여름이건 우기건 관계없이 그렇게 돌아다니는지? 풀이란 풀은 다 짓밟아 식물이 자랄 수가 없게 되는데다가 작은 생물들까지 다 죽게 되는데 말입니다.
> ―『마하왁가』 3. 1. 2

붓다는 이러한 주변의 여론도 함께 고려하여 우안거雨安居라는 일시 철수를 결정한 것으로 보인다. 결국 그는 그러한 극단적인 고행은 수행하는 데 도움이 되지 않을뿐더러 주변 사람들에게 피해를 주면서까지 수행하는 것은 바르지 않다고 판단하였을 것이다. 그래서 그는 혹심한 우기에는 탁발하러 다니지 않고, 조금 편안한 거처로 철수하여 지친 몸과 마음을 추슬러 다음 유행을 준비할 단계로 삼고자 결정했던 것이다.

붓다와 제자들이 우기에 한때 유행 생활에서 철수하여 공동생활을 하기 위해 우안거를 조직한 것은 그들이 독립적인 경제 행위를 거부하고 생계를 철저하게 탁발로만 유지한다는 원칙을 지키기 때문에

일어난 일이다. 따라서 그들은 처음부터 걸식으로 생계를 유지하여야 했기 때문에 자연히 거처를 걸식을 정기적으로 구할 수 있는 환경 조건과 결부시키지 않을 수 없었다.

초기 불교 경전에 따르면 상가는 아와사avasa, 安居와 아라마arama, 園라는 두 종류의 정규 거처가 있었다. 아와사는 출가 승려들이 스스로 구성한 거처로 임시적 성격을 띠었다. 아라마는 재가 신자가 아와사 주변에 세워 승려들에게 기부한 거처로 항구적인 사원으로 발전하였다. 안거는 촌락과 도시 모두에 두었으나 양자가 같은 조건은 아니었다.

촌락에서는 출가자 스스로 거처를 조성해야 하였지만 도시에서는 부유한 재가 신자들이 출가승들의 거처를 위해 사유지를 기부하는 경우가 많았다. 그래서 그들은 비록 숲 속이나 동굴 등지에서 수행하였으나 전적으로 도시를 떠난 것은 아니었다. 그런데 우기에는 탈도시가 더욱 어려워지면서 점차 도시 가까이 들어갈 수밖에 없었다. 도시란 어떤 곳인가? 도시는 왕을 비롯한 여러 관리와 상인이 주로 거주하는 곳으로 경제적으로는 부가 집중되는 곳이다. 부를 많이 축적한 상인이나 관리는 새로운 사회경제적 환경을 옹호하는 붓다의 가르침에 매우 호의적이었다.

그들은 대부분 비록 붓다가 가르치는 궁극의 목표를 따를 수는 없지만 그가 가르치는 현명한 경제 행위에 크게 동의했다. 많은 사람이 여전히 힌두교 전통인 제사 문화로부터 전적으로 벗어나지는 못하였지만 그래도 붓다가 가르친 보시 문화에 동의하는 사람이 많았다.

따라서 사원은 대체로 촌락에 자리하기도 했으나 도시 안이나 그 근교에 세워진 것이 더 많았다.

붓다가 죽은 지 200년 정도 후인 마우리야 시대까지의 초기 불교 사원이 주로 갠지스-야무나 강 평원에 자리 잡은 것은 초기 불교의 사원이 도시에 의존한 사실과 관련이 있다. 따라서 마우리야 후 시대 데칸 지역에 발생한 도시화는 불교가 그 지역에서 강하게 뿌리내릴 수 있는 좋은 조건으로 작용할 수 있었다.

당시 고대 인도 사회에서는 사회 밖으로 떠난 수행자들에게 개인적이고 간헐적인 보시를 하는 것을 좋은 업을 쌓는 행위로 간주하였다. 따라서 보시가 사회에서 널리 행해졌다. 수행자가 보시를 생산의 방편으로 삼는 것이 전혀 비현실적이라든가 비합리적인 것이 아니었다. 붓다는 생산이 결국 분배 문제와 관련되고 그 때문에 첨예한 갈등이 일어나 인간성 상실 내지는 현상에 대한 집착 같은 무의미한 것에 함몰된다는 생각을 하였다. 그래서 그것을 전적으로 초월하고 그로부터 해방되려 했다. 그런데 그것을 대체할 수 있는 또 다른 독자적 방편을 세우지 못했다.

개인적이고 간헐적인 보시를 통해 개인이나 규모가 작은 집단은 어느 정도 유지할 수 있다. 하지만 갈수록 규모가 커지는 공동체도 그렇게 탁발로 운영이 가능했겠는가 하는 문제를 심각하게 고민하지 못했거나 고민했더라도 그것을 해결하고 대안을 제시하는 일에는 실패하였다.

붓다와 제자들은 한편으로는 유행하면서 궁극을 추구하는 삶을 살

았지만 또 다른 편으로는 붓다 말씀을 가지고 끊임없이 대중 속으로 들어가야 했다. 그들은 개인의 해탈 추구도 중요하였지만 사회 교화 의무를 포기할 수 없었다. 따라서 그들의 삶이 더는 사회로부터의 완전 철수 위에서 영위될 필요는 없었다.

　이러한 사회적 관계의 필요성이 결국 상가 건설에서 우안거와 정사 수립으로 이어지는 초기 불교의 역사를 낳았다. 그러면서 원래 우기만의 일시적 안거 생활은 점차 시간이 지나면서 정착 생활로 유형이 바뀌어갔다. 이에 따라 촌락보다는 도시에 정착하게 되는 일이 점차 많아졌다. 따라서 불교는 도시 문화와 밀착하게 되었고 이로써 초기의 유행 생활이나 우기만의 일시적 안거 생활이 추구하던 사회와의 단절은 점차 중요성을 잃게 된다.

　상가 즉 교단은 비구 승려 개인의 궁극을 추구하려고 존재하는 것이 아니다. 물론 기독교나 현대 불교의 교단이 하듯 재가자들의 개종 작업에서 첨병 역할을 하는 전위대는 더욱 아니다. 오로지 삶의 방편에서 인민을 교화하는 구실을 하는 조직일 뿐이다.

　임시 거처가 아닌 영구 거처인 정사, 즉 사원이 세워지면서 출가 승려와 재가 신자의 관계는 절대적으로 서로 필요한 존재로 부상하였다. 정사는 일시적인 우안거가 아니고 영구적인 정착지였기에 그것을 유지하기 위한 많은 물질이 필요했기 때문이다. 그런데 붓다는 생산 행위를 하지 말라고 했기 때문에 상가는 독자적인 경제 체제를 구축할 수 없었다. 지금같이 사원이 농사를 짓거나 영리사업을 하는 따위는 붓다에게는 결코 있을 수 없는 일이었다. 이런 상황에서 사원은 이미 세워졌고 그것을 유지하려면 비용이 필요하였을 터이니 비용을 조달하는 방법은 오로지 단 하나 재가 신도의 보시밖에 없었다.

붓다는 보시 가운데 으뜸은 정사에 하는 보시라고 말했다. 붓다 스스로 보시를 하면 명성, 자신감, 사후 천상 세계에 환생 같은 좋은 결과가 생긴다는 사실을 설법을 통해 밝혔다. 결국 윤회하기 위해 공덕을 쌓아야 하고 공덕이 쌓이면 죽은 후 좋은 세상으로 환생할 수 있으며, 그 공덕을 쌓기 위한 가장 좋은 터는 정사라는 논리가 만들어진 것이다. 이는 예수가 씨 뿌리는 자의 비유를 통해 하나님 말씀, 즉 교회에 섬김 또는 기부를 하라고 가르친 것과 같은 논리다. 그것의 가장 좋은 터가 보수주의자들은 가문이나 국가가 될 것이고 진보주의자들은 노조나 당이 될 것이다.

교단에 보시하라는 붓다의 모습에 보수적인 면이 없지는 않다. 그러나 기존의 구조 밖에 보시하라는 모습에서 나타나는 진보적인 면이 더 우선이다. 그런데 붓다 사후 이 균형은 깨져 지금의 불교는 기존 구조 안의 교단에 보시하는 것을 과제로 삼는다. 이것이 붓다는 죽고 불교는 사는 이유다. 그리고 붓다가 슬픈 이유다.

사원의 사회적 역할

 붓다의 이런 논리는 초기의 진보적 관점에서 볼 때는 인민에 대한 연민과 자비 앞에서 기존 사회에 대한 진보적 태도가 크게 후퇴한 것이다. 사실 당시 사회는 붓다를 따르는 집단 이외에도 그와 유사한 수없이 많은 스승과 제자의 모임들이 있었다. 그들은 지금 우리가 생각하는 것만큼 집단 정체성이 강하지 않았고 넓은 의미로는 힌두교의 큰 틀 안에 있는 것으로 간주한 모임들이었다.

 그들에 대해서—설사 그들이 불교와 같이 힌두교의 일부 교리를 부인한다 할지라도—힌두교의 교리는 물질 기부를 하지 못하도록 하거나 적대시하도록 한 적이 없었다. 그래서 붓다를 따르는 재가 신도들은 물론이고 넓은 의미로 힌두교 안에 있는 사람들도 이제 막 정착하기 시작한 붓다와 제자들에게 아무런 거리낌 없이 보시하였다.

그래서 붓다의 담마 밖에 있는 재가 신자들은 공덕 쌓는 일에 열중하였다. 그들은 그 일을 상가를 통해 하는 것이 가장 효율적이라고 붓다에게 배워 그대로 실천하는 사람들이었다.

사실 붓다의 이런 이론은 힌두교의 공덕功德 이론의 한 부분이다. 힌두교의 윤회 이론을 붓다가 재가 신자들에 한하여 용인한 것이다. 이는 붓다를 따르는 재가 신자들이 붓다의 가르침에 여전히 호감을 느끼고는 있을지라도 그들이 사는 현실은 힌두교 공간에 둘러싸여 있었기 때문에 그 배경에서 완전히 벗어날 수 없다는 뜻이다. 힌두교틀 안에 있는 사람들에게 불교의 출가승은 자신들 주변에 있는 브라만 승려와 크게 다르지 않았다. 또 불교 사원에 보시하는 것은 브라만에게 제사를 통해 공물을 시여하는 것과 별다를 바 없었다. 불교의 정사나 힌두교의 사원이나 그들의 눈에는 같은 기능을 하는 곳으로 이해되었다. 그래서 그들은 출가 승려가 내세우는 교리와 특별히 관계없이 자기 교리 안에서 그들에게 보시하였다.

붓다가 진리를 발견한 후 제자들과 함께 담마를 전파하고 다닐 적에 그 주변에는 여전히 힌두교가 뿌리 깊게 자리 잡고 있었다. 힌두교는 카스트를 기반으로 하는 기존 질서를 인정하고 지키는 토대 위에 서 있기 때문에 다른 곳으로 세력을 확장하려 하지 않고 되도록 한 지역에 정착하여 사회를 안정시키고자 하였다. 반면 기존 질서를 부인하고 사회 밖으로 나가 새 세상을 세우려 한 붓다의 불교는 아직 카스트 제도와 힌두교적 사회 질서와 종교 관념이 전파되지 않은 갠지스 강 유역 바깥 지역으로 세력을 확장하려 승려들이 포교 여행을 떠나는 일이 많았다. 물론 그들이 갠지스 강 유역을 중심으로 하는 북부 인도 지역에 사는 주민을 교화하려는 노력을 게을리한 것은 아니다. 그러나 기존의 사회를 흔들어서 변혁하려는 노력은 하지 않았다. 붓다가 기본적으로 체제 안정을 유지하고자 했기 때문이다.

이는 붓다 사후 200년 정도가 지난 마우리야 제국 시대까지 그의 종교를 크게 발전시킨 원동력이 되었다. 극남부 일부 지역을 제외한 인도아대륙 전역과 아프가니스탄 지역을 영토로 삼은 마우리야 제국은 본격적으로 북과 남의 문화 접촉을 가능케 하였고 그 과정에서 불교가 핵심 역할을 하였다. 그것은 힌두교가 카스트를 중심으로 하는 기존의 사회 구조를 인정하는 토대 위에서 한 지역에 정착하여 사회 제도를 안정시키고자 한 것과 달리 불교는 기존의 사회 체계를 부인하면서 새로운 지역으로 진출하여 새로운 사회를 만들려 한 세계관과 관련이 깊다.

따라서 문화 접촉에 따라 발생한 사회 변화에 불교는 힌두교보다 더 관용적인 태도를 취했다. 특히 새롭게 부를 축적하여 카스트에서 영향력을 확장하려는 상인 같은 중간 계층은 불교를 자신들의 사회적 지위를 유리하게 해주는 이데올로기로 받아들였다.

더군다나 불교가 애초 힌두교가 규정해놓은 음식 수수를 포함한 여러 가지 의례적 정淨-오염에 개의치 않았다는 사실 또한 새로운 지평 확대에 중요한 역할을 하였다. 힌두교는 어떤 음식은 오염되었으니 먹어서는 안 되고, 어떤 것을 먹을 때는 이런 의례, 어떤 것을 먹을 때는 저런 의례를 반드시 이런저런 방식으로 수행해야 한다는 음

식 수수와 관련된 의례 규정이 매우 까다로운 종교였다. 그리고 그것을 지키지 못하면 사회적으로 낙인찍혔다.

반면 불교는 음식을 주고받는 문제에서 발생하는 여러 가지 의례적 정-오염에 개의치 않았다. 따라서 당시 갠지스 강 유역을 중심으로 북부 인도 전역에 퍼진 도시 문화 속에서 강력한 사회적 영향력을 가진 계급으로 부상했지만 원거리 교역을 해야 하는 상인들에게 매우 호의적으로 받아들여졌다. 이 사실은 불교가 갠지스 유역을 넘어 서부와 데칸을 거쳐 남부로 영향력을 더욱 활발하게 확대하는 결정적인 이유로 작동하였다.

승려들이 설법과 포교를 목적으로 먼 길을 떠나는 행위는 불교 상가로 하여금 당시 카스트 사회에서 영향력이 큰 상인 계급과 매우 밀접하게 접촉하는 계기가 되었다. 기원전 6세기 이후 고대 인도 사회는 비록 보시가 널리 행해지긴 했지만 정기적인 보시는 아직 보장되지 않은 상태였다. 따라서 승려 혼자서 다양하고 힘든 환경 속에서 재가 신자들에게 설법하면서 보시를 얻어 생계를 이어나가는 재가 사회에 대한 생계 의존 방식의 장거리 여행은 결코 쉬운 일이 아니었다.

이때 불교에 우호적인 상인들은 승려에게 설법을 듣는 좋은 기회가 되므로 승려와 동행하기를 굳이 마다할 필요가 없었다. 따라서 승려들은 자신들의 세계관에 호의적인 태도를 보이면서 설법을 요청하는 장거리 교역을 수행하는 상인 집단을 따라가는 일을 선호하게 되었다. 승려들은 상인들에게서 규칙적인 보시를 받아 생계를 유지할 수 있게 되어 좋았다. 또 상인들은 자신들을 우호적으로 대하는 승려들에게서 좋은 말씀을 들을 수 있어 좋았다. 이로써 상인들은 승려에게 설법을 듣고, 승려는 상인들에게서 규칙적인 시주를 받는 체계 위에서 설법과 생계 유지의 포교 여행을 할 수 있게 되었다. 『밀린다빤호 Milindapanho』에서 나가세나 Nagasena 선사가 빠딸리뿟뜨라로 떠나는 길에 대상隊商과 동행한 일화는 이에 대한 좋은 예라 할 수 있다.

이런 점에서 볼 때, 사원은 붓다의 뜻에 따라 기존의 사회를 버리고 나온 승려들이 수행하는 거처였다. 그리고 그들이 버리고 나온 사회에 대해 붓다의 가르침으로 포교하는 일을 맡아 하는 조직이기도 하였다. 사실, 힌두교와 자이나교 또한 불교와 마찬가지로 기세의 전통이 있었으나 두 종교는 수행과 포교를 축으로 공동체 생활을 하는 교단을 사회 바깥에 설립하지는 않았다. 불교만이 조직적으로 승려들에게 특정 지역을 떠나 사람들을 교화하는 일을 주요 의무로 부과하였다.

비나야 삐따까는 붓다가 승려 둘이 한 방향으로 가서는 안 되며 누구든지 설법을 요청할 때는 거절하면 안 된다고 했던 사실을 기록하고 있다. 우리는 이를 통해 붓다가 승려들의 원거리 포교 행위를 최대한 장려하였음을 알 수 있다. 붓다가 승려들로 하여금 설법과 포교를 목적으로 먼 길을 떠나도록 장려한 것은 불교 상가와 상인 계급이 밀착하는 결정적 계기로 작용하였다. 이것은 다시 불교의 상가가 상인들의 경제력에 크게 의존하는 계기가 되었다.

원거리 교역은 세계 각 지역 고대 사회의 변화를 가져다주는 중요한 역할을 하였다. 특정 집단 내부 또는 바깥 집단과의 교역은 부의 집중을 가져왔다. 그 결과 소수가 지배 집단으로 부상하게 되었으며, 특정 지배 집단이 다수의 다른 집단과 권위의 차별화를 꾀할 수 있었다. 또 원거리 교역을 독점한 소수 세력은 교역에서 이윤 확보 같은 경제적 차원을 넘어 사회적 지위나 권위 같은 것도 차지하였다.

고대 인도의 경우 갠지스 강 유역에서 남쪽으로 내려간 불교 세력이 기원 초기 이후 대승 불교가 발달하고 로마와 교역이 크게 활발해지는 속에서 데칸 지역에 정치적·경제적·사회적 차원에서 큰 세력으로 부상하였다. 이로써 데칸의 도시화 속에서 불교 특유의 보시 사상에 크게 영향을 받은 왕이나 대상인 또는 동업 조합은 석굴 사원을 조성하거나 실크나 향 또는 여러 가지 보석을 비롯한 사치품을 상가에 기부하는 현상이 크게 일어났다. 그러면서 사원은 갈수록 규모가 커지고 화려해졌으며 그럴수록 상가는 재가 사회에 의존하게 되었다.

엄격한 무소유 원칙

붓다는 영구 거처인 사원을 운영하는 데 필요한 여러 가지 물질을 제공하는 것은 재가 신자들이 해야 할 일이라고 했다. 그러면서 재가 신자들이 보시할 사원에 필요한 물품으로 옷, 음식, 거처, 약 네 가지를 들었다. 상가는 그 외의 재산을 전혀 소유할 수 없었다. 그러니 화폐는 말할 것도 없고 금이나 은 같은 재화도 마찬가지로 재가 신자에게서 받아 소유해서는 안 되었다. 심지어 옷과 음식을 쌓아 보관하는 일도 하지 못하게 했고 약도 일주일 이상은 보관하지 못하도록 하였다.

붓다는 재가 사회에 대한 교화의 필요성 때문에 사원의 존재를 인정하였다. 하지만 여전히 출가승은 정주자로서의 사제가 아닌 유행자로서의 구도자여야 하는 것이 우선이라는 생각을 견지하였다. 그래서 사원 정주가 시작된 이후였지만 경제 행위를 해서는 안 되는 규율은 여전히 유효하였다. 따라서 매매 같은 상업 행위나 논이나 밭과 같은 토지를 보유하는 일이 허용되지 않은 것은 두말할 필요가 없다.

주위의 브라만이 붓다와 제자들이 노동하지 않고 놀고먹는다고 힐난했음에도 붓다는 요지부동이었다. 붓다는 출가승은 생산을 위해 경작하는 자가 아니라 수도를 위해 경작하는 자라고 하였다. 붓다는 재가 사회 안에 사는 사람들은 좋은 데로 윤회해야 하므로 합리적 경제 행위를 하는 것이 옳다고 생각하였다. 하지만 세상을 버리고 떠난 출가 승려는 윤회를 벗어나야 하므로 윤회 사슬의 원인이 되는 경제 행위는 결코 해서는 안 된다고 생각하였다.

그렇지만 그의 규율은 그리 오래가지 못했다. 붓다 사후 승려들의 사유 재산 축적은 심각한 문제가 되었으니, 앞에서 언급하였듯『마하왁가』에 나오는 승려들이 왕이 하듯 재물을 쌓는다는 재가 신자들의 불평에서 이를 잘 알 수 있다. 승려가 출가 이전의 재산을 상가 안으로 가지고 들어와 계속 보유한 예도 있었다. 그러나 상가의 재산 축적은 대부분 재가 신자가 기부한 물질을 전유하면서 이루어진 것이었다.

가장 좋은 예로『맛지마 니까야 Majjhima Nikaya』에 왕이 특정 승려에게 기부하고 그 승려가 자신이 받은 일부를 사원에 기부하는 장면이 나온다. 이는 일부에만 국한되었다거나 그 정도가 가볍지 않았기에 매우 심각한 문제로 대두되었다. 그리하여 무엇이든지 기부된 것을 자기 것으로 전유한 승려에게는 몰수와 함께 참회의 벌칙이

부과되었다.

하지만 붓다 사후 상가의 재산 축적은 통제되지 않았다. 『테라가타』에는 붓다가 '승려들이 금, 은, 전답, 수초지, 노예, 종복 등을 재가 신자들에게서 받게 될 때가 올 것이다'라고 말한 것이 나온다. 이 말은 『테라가타』가 형성될 당시, 즉 대략 아쇼까^Ashoka 사후에서 대승 불교 성립 이전 시기의 현실을 붓다의 예견이라는 형식으로 반영한 것이다. 붓다 사후 200년이 지나자 그의 법은 전적으로 거부되었다.

그렇게 되는 조짐은 붓다 사후 100년경에 발생하였다. 많은 비구가 열 가지 관례에 따라 받는 물품이나 음식에 대해서는 융통성을 발휘해 인정해달라고 요구하였다. 치열한 논쟁 끝에 결국 그것은 받아들여졌다. 그 안에는 소금, 우유 등 음식에 관한 것도 있었다. 하지만 가장 중요한 것은 당시 그 나라의 화폐인 은화를 비롯해 금이나 은을 받을 수 있느냐였다. 이 문제는 당시 번화한 도시 중의 하나인 바이샬리에서 일어났다. 붓다 사후 100년 동안 관행이라는 이름 아래 정주 생활을 하면서 재가 신자들의 경제 구조 위에 종속되어 있던 승려는 이미 도시 경제에 깊게 물들어 있었다. 그 상황에서 화폐 경제의 문화를 도려낸다는 것은 이미 불가능하게 되었음을 알 수 있다. 그러면서 계율은 갈수록 정교해졌고 그것을 어긴 자에 대한 징계 방법도 날이 갈수록 다양해졌다. 그럴수록 붓다의 말씀은 사라졌다.

이 시대에 들어와 보시물은 범주가 늘어나면서 동시에 화려하고 사치스러운 물품을 포함하는 것으로 변화되었다. 초기 불교에서 재가 신자가 의례 때 상가에 보시할 수 있는 물품은 옷, 음식, 거처, 약

네 가지뿐이었다. 그러나 기원전 2세기경이 되면서 그 품목이 열네 가지로 불어났다. 열네 가지에 추가된 것으로는 옷, 탈것, 화환, 향, 도향塗香, 거주지, 등불 기름 등이 있다. 그런데 여기에서 흥미로운 사실은 화환, 향, 등불 기름 등은 원거리 교역의 중요한 물품이었고 그것들을 제공하는 화환 제작자, 향 제작자, 등불 기름 제작자 등이 초기 불교 사원에 주요 기부자로 등재되어 있다는 사실이다.

불교는 발생 후 200여 년 동안 사회화 과정을 거치면서 대중 신앙의 종교로 변모했다. 하지만 불교는 이 시기에 들어와 참선과 명상을 중심으로 하는 초기의 개인 수행 위주 종교에서 숭배와 의례를 통한 구원의 종교로 점차 비중을 키워갔다. 이 시기에 발굴된 여러 부조를 보면 스뚜빠Stupa, 탑, 불상, 성수聖樹, 불족佛足, 법륜, 사리 등이 주요 숭배 대상으로 떠올랐다. 또 재가 신자들이 행하는 물질 보시가 불교의 여러 종교 행위 가운데 가장 중요한 것으로 자리 잡았다. 재가 신자들이 스뚜빠나 불상, 사리 같은 다양한 성물을 숭배할 때 그 행위가 전대보다 훨씬 화려해졌음은 의심의 여지가 없다. 이 가운데 특히 스뚜빠가 숭배의 중심에 서 있었다.

인도를 비롯한 모든 불교의 유적지에서 발굴된 많은 고고학적 유물을 보면 스뚜빠는 항상 금, 은, 구슬, 유리 등을 비롯한 여러 보석으로 장식되었다. 같은 맥락에서 중국에서 들어온 실크 또한 스뚜빠를 치장하는 물품으로 크게 주목을 받았다. 실크는 사원에서 승려들이 입는 가사를 만들거나 의자 등을 치장할 때 그리고 의례에서 필수적으로 쓰이던 깃발에도 널리 사용되었다. 딱실라Taxila를 발굴한 고

고학자 마셜^{John Hubert Marshall}의 보고서를 보면 금, 은, 구슬, 유리 등이 불교 사원의 스뚜빠, 불당 등에 얼마나 널리 사용되었는지를 자세히 알 수 있다.

사원에 기부된 토지에서 생산된 곡물은 먼저 승려들이 주로 우기 체류 기간에 소비하는 데 사용하였다. 하지만 남은 것은 곡식 추수 후 정기적으로 이곳을 들르는 대상^{隊商}들에게 판매하였다. 사원 소유 토지에서 나오는 생산물을 외부로 판매한 것은 곡물뿐이 아니었다. 사원은 꽃을 재배하여 상인에게 팔아 이윤을 확보하였다. 상인들은 그 꽃을 사원을 찾는 순례자들에게 팔아 이윤을 남겼다.

이로써 당시 이 지역에서는 석굴 사원을 중심으로 여러 가지 물품이 거래되는 경제 행위가 이루어졌다. 재가 신자는 사원으로부터 영적 이득을 취하고 사원은 재가 신자에게서 물적 이득을 취하는 구조 속에서 사원과 재가 신자 그리고 그 사이를 이어주는 상인들 사이에 시장이 형성되고 도시가 흥성하게 된 것이다.

결국 붓다는 제자들에게서 버림받았다. 그들은 재가 사회의 보시에 탐닉하면서 경제 행위에 점차 빠져들었다. 그것은 이상주의자 붓다가 펼친 두 가지 길 가운데 제자들이 세상을 버리고 궁극을 추구하는 길 대신 세상 안으로 들어가 조화를 이루는 데 집착하는 방편을 택했기 때문이다. 그렇게 된 것은 붓다가 정사를 기부받아 그곳을 영구 거처인 사원으로 삼아 그의 법을 이중 구조 위에 올려놓았기 때문이다. 이중 구조 속에서 세상 물질 구조에 물든 자가 세상 밖 궁극을 추구한다는 것은 불가능한 일이다. 더군다나 세상 밖에서 궁극을 추구하는 행위가 전적으로 세상 물질에 종속될 수밖에 없다면, 전자가 후자에서 벗어날 수는 없다.

적어도 역사라는 범인의 세계에서는 그렇다. 역사 속 모든 이상주의자는 그들이 보수적이든 진보적이든 그 결과가 모두 같다. 세상 밖에서 찾는 이상은 세상 밖으로 나가서 돌아오지 않을 때, 극소수의 사람들 속에서만 가능할 수 있다. 붓다는 세상 안으로 돌아오지 말았어야 했다. 세상은 그 같은 아름다운 이상주의자를 위해 존재하는 것이 아니기 때문이다.

제사를 통해 물질을 바쳐 물질을 구하는 재가자들 처지에서는 바치는 대상이 브라만에서 출가 승려로 바뀌었을 뿐 본질에서 혁파된 것은 아니었다. 기독교 신약에서 제사보다 믿음이 낫다고 한 대목과 같은 의미다. 기독교가 말하려는 것은 의무적인 제사가 아니라 자발적인 믿음을 바탕으로 헌금을 바쳐야 한다는 것이다. 붓다 또한 마찬가지 의미다. 하지만 자기가 생산한 것을 남에게 바치는 것이 문화로 자리 잡은 상황에서 보통의 인민과 후대의 승려나 사제들이 그 의미를 끝까지 구별하면서 행위를 유지한다는 것은 역사에서 불가능하다. 생산하지 않는 자가 생산하는 자에게서 받는 것이 자발적이라 하지만 결국 시간이 가면 자발성은 의무적으로 변질될 수밖에 없다. 그것은 받는 사람이 악해서일 수도 있겠지만, 주는 사람이 욕심에 매여 있기 때문일 수도 있다.

5장
인간으로 본을 삼다

■ 힌두교의
　비합리성
　비판

　붓다는 경제뿐만 아니라 신의 존재, 절대성 또는 궁극적 본질, 성과 속 또는 거룩함과 오염, 의례와 관련된 가르침에도 이중적 자세나 중도를 취했다. 그는 신의 존재를 믿었고 그가 존재를 인정하는 신은 수없이 많았다는 점에서 분명한 유신론자였다. 다만 그는 신을 숭배하고 영적인 힘에 기대고 성과 속의 분리 속에서 거룩함과 불결함의 본질을 갖는 종교에 가치를 두지 않았을 뿐이다.

　그가 가치를 둔 세계관은 사회를 떠나 구성한 공동체 안에서 개인적인 구도의 실행과 공동체의 계율에 모든 비중을 둔 매우 무미건조한 관념의 세계였다. 그가 가치를 둔 구도는 신 같은 하찮은 것을 믿지 말고, 윤회 같은 무의미한 세계에 기대지 말고 궁극을 깨달으라는 것이었다. 그는 특히 힌두교에서 행하는 의례욕儀禮浴에 의한 오염 제거와 정화에 대해서는 매우 심하게 비판하였다.

그는 브라만이 강으로 가 의례욕을 행함으로써 자신의 죄가 정화되고 공덕이 쌓인다고 믿는 신앙을 『테라가타』에서 심하게 비판했다. 붓다는 만약 목욕으로 악업에서 벗어난다면 거북이, 개구리, 물뱀, 악어 등과 같이 물속에 사는 온갖 생물이 다 바로 천상으로 갈 것이라고 비판했다. 또 살생하는 자, 도둑질하는 자, 살인하는 자 그리고 다른 악업을 짓는 모든 사람도 물속에 들어가 목욕만 하면 악업에서 벗어나지 않겠느냐며 힌두교의 비합리적 의례 행위를 조롱했다.

붓다는 사회를 버리고 떠난 출가승에게는 일체의 숭배나 의례 행위를 해서는 안 된다고 했다. 하지만 사회 안에서 살아가면서 윤회를 추구하는 재가 신자들에게는 일정 부분 숭배와 의례의 이분법적 세계를 용인하였다. 비록 가치 없고 무의미한 짓인데다가 그가 추구하는 궁극인 닙바나(열반)에 도달하는 데 방해 작용을 하지만, 그 닙바나를 추구하지 않는 재가 신자들에게는 그것을 용인하는 것이 합리적이었다.

붓다는 병으로 치자면 증상을 치유하자는 게 아니라 궁극적인 원인을 치유해야 한다는 것이었다. 하지만 그 원인을 치유할 수 있는 조건이 성립되지 않는 사람은 증상이라도 치유해야 한다고 믿었다. 그래서 그는 합리적이고 소통 가능한 사람이었다. 열반에 이르지 못한다면 좋은 데 윤회라도 해야 한다는 것이 그의 생각이었기 때문이다.

하지만 붓다가 죽은 후 그의 열반 중심의 무미건조한 관념 세계는 점차 퇴출되기에 이르렀다. 재가 신자에게 남긴 최소한의 가르침이 존재 이유가 되었다. 그러다 결국 그의 가르침은 약 400년 만에 완연한 종교로 자리 잡았다. 그 안에서 붓다는 신으로 자리 잡았고, 상가는 신앙 행위의 중심지 사원이 되었으며, 승려는 전형적인 사제가 되었다. 재가 신도들의 불교에 대한 헌신도와 충성도는 높아져갔고 불교의 사회적 영향력은 막강해졌다. 그리고 그러한 세계관을 뒷받침하는 신화와 신학이 세밀해지고 탄탄해졌다. 붓다의 무미건조한 관념론이 바야흐로 화려한 종교가 된 것이다.

그러면서 불교는 역사 속 모든 종교가 그러했듯 권력과 밀착하고 사회 지배 이데올로기의 역할을 충실히 담당했다. 또 정치와 경제, 사회 전반에 걸친 물질 권력의 온상이 되었다. 그리고 붓다는 그 안에서 신이 되었다.

신격화 작업은 붓다 사후 400년 정도가 지난 뒤부터 본격적으로 이루어졌다. 그 작업 가운데 중요한 것이 그의 일생을 전기로 구축하는 것이었다. 한국인은 신神의 일대기를 통해 붓다와 처음 만났다. 그래서 한국인에게 붓다는 역사적 인물이 아닌 무궁무진한 능력을 갖춘 신이었다. 그들에게 신이 되기 전, 역사 속에서 한계로 점철된 인간 붓다의 모습을 보여주는 것은 매우 불편한 일일 수밖에 없었다.

열반을 추구하는 출가자 중심의 궁극 추구의 길에서 벗어나 대중화된 종교로 바뀐 대승 불교에서 붓다는 완전한 신이 되었다. 붓다는 어머니 옆구리에서 태어나고 태어나자마자 세상을 향해 외쳤으며 얼굴에는 세계를 지배하는 서른두 가지 상相을 지니고 있었고 하늘을 날고 강을 날아 건너고 몸을 공중에 날리고 그 몸을 꽃잎처럼 잘게

나누는 등 이적을 하는 신이 되었다. 이제 재가 신도들은 사회를 떠나 모든 인간관계를 끊고 자기 수행에만 전념하여 다음 생에 다시 태어나는 윤회의 사슬을 끊으라는 붓다의 법에는 관심이 없었다. 그들은 날마다 생활에 복을 주고, 사후에 좋은 세상에 다시 태어나는 윤회에만 관심을 보였다. 저세상에는 많은 천국이 생겼고 붓다는 우주 전체를 다스리는 거대한 신이 되었다. 붓다는 갈수록 화려해지고 전지전능하여졌다.

붓다가 신이 되었다는 의미는 곧 붓다라는 수없이 많은 다신이 만들어진다는 의미로 연결된다. 원래 붓다는 단 한 사람이다. 같은 맥락에서 그의 전생의 존재이면서 깨달음을 아직 달성하지 못한 존재인 보디삿뜨와 bodhisattva (보살)도 단 한 사람이었다. 그런데 붓다가 신이 되면서 그 수가 영겁의 윤회 세계에 존재하는 만큼 많아졌듯 그 전생의 존재인 보디삿뜨와도 그만큼 많아졌다. 그리고 각각의 보디삿뜨와는 모두 신의 존재가 되었다. 그것은 전적으로 인도라는 다신교 환경에서 만들어질 수밖에 없는 산물이었다.

유대 환경에서 유일신 이외의 것을 생각하기 어렵듯 인도에서는 다신 이외의 것을 생각하기가 어렵다. 붓다가 곳곳에 존재하는 신이 되고 보살 또한 또 다른 신이 되면서 불교도가 추구하는 이상적 존재도 바뀌었다. 원래 승려가 추구하는 존재는 앞으로 깨달음을 달성하게 될 존재인 아르하뜨 arhat (아라한)였다. 그런데 붓다가 신이 되고 미래불 보디삿뜨와도 신이 되면서 출가 승려, 재가 신자 할 것 없이 원래 붓다의 수행 제자들이 추구하는 이상적 존재 아르하뜨는 가치를 잃어버렸다. 그리고 그 자리를 보디삿뜨와가 차지하였다. 이제 이성적 깨달음은 일부 출가 승려들만 추구할 뿐 주류에서 밀려나 한쪽 귀퉁이에 몰리게 되었다. 붓다가 추구하는 원칙과 근본은 속 좁고 쪼잔한 길이라는 소승(작은 배)이 되었다. 붓다가 거부한 신 숭배 행위는 대범하고 대자대비한 대승(큰 배)이 되었다. 역사적 붓다는 이렇게 해서 사라져버렸다.

보디삿뜨와는 자신은 열반에 들어갈 수 있음에도 그것을 거부하고 자신이 쌓아놓은 공덕을 그를 숭배하는 신자, 즉 남에게 양도하는 존재다. 그래서 대자대비한 그가 나누어준 공덕 덕에 모든 사람이 극락과 같은 좋은 저세상으로 윤회할 수 있게 된다. 그야말로 기독교를 비롯한 서아시아 전통의 종교에 나오는 신에 의한 구원과 같은 개념이다.

그런데 이 공덕 양도 이론은 불교의 근본 원리인 까르마(업) 사상과 크게 어긋난다. 원래 업 사상에 따르면 공덕은 철저히 자기 자신에게만 달린 '뿌린 대로 거두리라'의 원리에 따르는 것이다. 그런데 공덕이 양도할 수 있는 것이 되면 누구든 자신의 행위와 관계없이 남에 의해서 선업을 쌓을 수도, 악행을 지을 수도 있기 때문이다.

인간 붓다가 신이 되고 그 수가 갠지스 강 모래알같이 많아지면서 역사인 붓다가 추구했던 이성과 행위 중심의 세계관은 신앙 중심의 종교로 바뀌어버렸다. 그러면서 불교는 힌두교에서 활약하던 모든 신을 대거 흡수하여 숭배 대상으로 삼았다. 그러면서 불교는 스스로 떠나온 힌두교와 똑같은 모습의 종교가 되어갔다. 붓다와 제자 출가

승들은 물질계를 버리고 떠났지만 재가 신자의 물질계에 의존하지 않을 수 없어서 벌어진 사단이다. 생산 구조를 쥐고 있는 재가 신자들의 종교가 궁극의 자리를 차지할 수밖에 없는 것은 역사의 이치이자 흔하디흔한 상례다.

붓다가 신의 존재를 믿으면서 신을 통한 구원을 폐기하고 인간 노력에 따른 깨달음을 설파한 것은 종교라고 할 수 있는가? 종교가 무엇인지를 정의할 수 없다는 점에서 보면 이 질문은 쉽게 답할 수 있는 것이 아니다. 하지만 답을 내리려는 게 아니라 그 성격을 규정해 보고자 한다면 이 부분에 대해 진지하게 곱씹어 볼 필요는 있다.

일단 종교를 단순하게 정의해보자. 종교는 세계를 성의 영역과 속의 영역으로 나누어 의미를 부여하고 그에 따라 집단으로 의례를 행하는 체계다. 의례는 성스러운 법으로 규정된다. 따라서 의례를 지키지 않는 사람은 법, 즉 진리를 지키지 않는 사람이 되어 죄인이나 그와 유사한 범주의 사람이 된다. 이를 다른 각도에서 환원하면 결국 종교는 의례를 통해 법을 지키지 않는 행위, 즉 죄를 생산하는 체제가 된다.

의례는 일상생활 즉 의식주에 관련된 것이 많다. 특히 그 가운데 식食과 관련된 것이 많다. 먹는 것에 대한 금기가 가장 많다는 것이다. 유대교(또는 기독교 구약), 조로아스터교, 힌두교같이 오래된 전통이 켜켜이 쌓여 장구한 세월 속에서 만들어진 종교에서 특히 그렇다. 그래서 보통 오래된 종교의 전통을 부인하는 새로운 종교에서는 무엇 무엇을 먹지 말라든지 그에 따라 사회 신분이 결정된다는 등의 기준을 통렬히 비판하며 새로운 신앙의 세계를 연다. 붓다의 가르침이 그렇다.

붓다는 이러한 의식주에 관한 터부나 금기 등을 전혀 정하지 않았다. 의례 또한 무의미한 것으로 치부하였다. 그런데 그를 둘러싼 힌두 사회의 종교는 철저히 정-오염의 인식으로 뒤덮여 있어 모든 삶에서 특정 물건이나 행위를 둘러싸고 차별과 배제 또는 독점의 의미를 형성하고 있었다. 따라서 붓다를 따르는 출가승은 정-오염의 의미를 전혀 두지 않고 오로지 이성과 논리적 깨달음만 추구하였으나 출가하지 않은 재가 신자들은 전혀 그렇지 못했다. 그들은 여러 가지 이유로 붓다를 존경하고 따랐다.

그러나 그들이 삶을 영위하던 매일의 일상을 덮고 있는 힌두 종교의 핵심인 정-오염 의식과 의례를 벗어 던지고 살 수는 없었다. 붓다는 다른 면에서도 그랬지만 이 면에서도 재가 신자의 정-오염과 의례를 일정 부분 용인하는 자세를 취했다. 그런데 그것이 스승 붓다가 죽고 신 붓다가 산 원인으로 작용하였다. 사회와 문화를 이분법으로 가르면서 진리에 대한 가르침이 종교의 성전으로 자리 잡은 것이다. 붓다의 슬픔은 여기에 있다.

희생제와
주술에 대한
견해

붓다가 활동하던 당시는 베다 시대가 끝난 시기다. 이 시기에는 지금까지 베다 시대의 종교를 구성해온 두 가지 큰 요소인 제사와 주술 숭배에 상당한 위치 변화가 있었다. 제사는 농경이 정착되고 잉여 생산이 많이 발생하면서 규모가 갈수록 커졌다. 국가의 권력이 커지고 국가가 제사를 주도하면서 왕이 관장하는 제사는 규모가 엄청나져 많은 축우가 도살되었다. 그러면서 모든 종교의 진리는 이 제사로부터 발생한다는 교리가 등장하였다.

제사는 모든 신의 거처이고 어머니의 자궁이며 세상을 깨닫게 해주는 터전이다. 이에 따라 당시 종교를 구성하는 또 다른 요소인 주술 숭배는 큰 타격을 받았다. 제사와 비교하면 주로 개인과 관련되어 액을 막거나 그것을 끄는 행위인 주술은 무시당하면서 종교의 위치를 점차 상실했다.

붓다는 베다 시대의 이러한 두 가지 종교 행위를 모두 해서는 안 될 일로 규정하였다. 이성 중심의 합리적 세계관을 지닌 붓다에게는 당연한 일이다. 희생제를 부정한 것은 물론이고 주술 행위에 대한 의견 또한 단호하였다. 붓다의 가르침을 가장 원형에 가깝게 보존해준다는 『숫따니빠따』의 「삼마빠리바자니야 숫따Sammaparibhajaniya Sutta」(올바른 유행의 경)는 이에 대해 다음과 같은 구절로 말한다.

> 길조의 점, 천지이변의 점, 해몽, 관상 보는 일을 완전히 버리고 길흉의 판단을 버린다면 그는 세상에서 바른 수행자의 삶을 살 것이다.
> ─ 『숫따니빠따』「삼마빠리바자니야 숫따」 2

이에 대해 『디가 니까야』에서는 점복, 마술, 진언 등에 의존하는 주술 행위는 저질 행위 또는 악행이라고 분명히 가르쳤다. 그리고 출가 승려가 절대로 행해서는 안 될 일로 규정했다. 승려가 이를 어길 때는 심각한 위반이라 간주하여 반드시 참회하게 하고 승적을 박탈할 수 있게 하였다. 『쭐라왁가』에서는 재가 신자에게 초자연력을 행하여 물질을 취하는 것은 마치 여자가 남자를 유혹하여 돈을 버는 행위와 다를 바 없다고 하면서 처벌하라 하였다.

붓다에게 신은 변화하는 만물 가운데 하나일 뿐 인간의 궁극을 달성하게 해줄 수 있는 방편이 되지 못했다. 그래서 신이나 초자연적 존재로 얻을 수 있는 것은 아무것도 없다고 했다. 궁극이란 모름지기 어떠한 존재에 의해서 또는 그 도움을 받아 이루어지는 것이 아니라 철저한 자신만의 노력으로 이루어지는 것이라고 했다. 따라서 신이든 붓다 자신이든 모두 유한한 존재일 뿐 신앙의 대상이 되지 못하기 때문에 신이나 붓다 또는 기타 초자연력에 대한 신앙은 모두 인간이 감각 기관을 절제하지 못해 만들어낸 임시방편일 뿐이다.

베다 시대 말기에 종교 행위에서 제사가 가장 중요한 위치를 차지하면서 주술의 위치가 상대적으로 위축되었다고 해서 인민이 주술 신앙에서 벗어날 수는 없었다. 그들은 1,000년 전부터 내려온 주술과 의례 중심의 베다 종교에 푹 빠져 있었다. 교리를 만들고 체계화하는 사제들은 규모가 큰 제사를 찬양하고, 규모가 작은 주술 행위에는 별 관심을 두지 않았다. 그러나 인민은 그러한 교리와 직접 연계되지 않고 오랫동안 내려오는 전통에 얽혀 있기 때문에 그것을 쉽게 버릴 수 없었던 것이다.

특히 그 가운데 가장 결정적인 역할을 한 것은 당시 사람들이 생각하는 수준에서 인간의 힘으로 도저히 해결하거나 극복할 수 없는 재앙에 대한 것이었다. 뱀에 물리거나 집에 불이 나거나 여자가 아이를 낳거나 심한 병에 걸리거나 마을에 전염병이 돌거나 하는 등의 일은 붓다가 추구하는 닙바나와 직접 관련된 일이 아니었다.

사실 붓다가 그런 일에 주술 행위를 직접 했다는 근거는 아무 데도 없다. 붓다가 한 것으로 의탁한 주술 행위는 후대의 기술로 무미건조하게 볼 때 당시 실제 행위를 기록한 역사적 근거로 삼기는 무리가 있다. 하지만 그에 대한 붓다의 태도를 해석해볼 수 있는 정황은 몇

가지 있다. 우선 우리가 고려할 만한 정황으로는 그가 닙바나와 같은 궁극을 추구했지만 매우 인간적이어서 그 경지에 도달할 수 없는 많은 중생을 위한 연민의 마음을 거둔 적이 없다는 사실이다.

그는 아이를 낳으면서 또는 뱀에 물려 죽어가는 사람들을 앞에 두고 지금 당장 닙바나를 깨달아야 한다고 하지는 않았을 것으로 보인다. 목숨을 잃을 절체절명의 순간에 당시 사람들이 할 수 있는 유일한 과학적 치유 방식인 주문을 외우거나 부적을 붙이는 것을 무의미하다고, 해서는 안 된다고 하지는 않았을 것으로 보인다.

더군다나 재가 신자는 닙바나라는 궁극을 추구하는 존재가 아니므로 그렇게 하든 이렇게 하든 별다른 특별한 의미 차이가 없었기 때문이다. 그리고 재가 신자들이 행하는 주술과 의례 행위를 허락해야 그들을 좀 더 합리적이고 현명한 삶으로 가르치고 인도하는 자신을 따르게 할 수 있다는 사실을 알았을 것이기 때문이다.

붓다는 원칙의 한쪽 극단을 고집하다가 그것보다 의미 있고 중요한 일을 그르치게 하는 비합리적인 사람이 아니었다. 그에게 가장 큰 관심은 실질이었다. 그래서 그는 재가 신자들이 어차피 궁극을 추구하지 않고 물질과 욕망의 바다에 살 수밖에 없다면 합리적으로 생산하고 소비하여 행복하게 살도록 가르쳐야 하는 일에 온갖 노력을 다했다. 이러한 맥락을 고려해보면 붓다가 재가 신자들이 목숨이 위태로울 때 마지막 치유책으로 사용하던 주문을 못하게 했을 리는 만무하다.

붓다가 재가 신자들이 초자연적 힘에 의존하는 주술 행위를 하는 것을 어느 정도 용인했다면 출가승에게는 어땠을까? 즉 출가 승려가 뱀에 물린 것과 같은 생사 앞에서 시급을 다투는 자연적 또는 초자연적인 재해 앞에 서 있는 경우 어떻게 하라고 했을까? 원칙적으로 그는 출가 승려들에게 주술을 사용하는 것은 저급한 행위니 해서는 안 된다고 했다.

재가 신자들의 궁극 목표는 해탈이 아닌 구복과 치병이었다. 그 가운데 특히 치병은 출가 승려들에게도 심각한 문제 가운데 하나였다. 승려로서도 자신들이 비록 사회를 버리고 나왔지만 허용되는 범위와 방법 안에서 자신을 질병과 사고로부터 절대적으로 보호해야 했다. 우안거 안에서 많은 출가 승려가 벌이는 열띤 토론 주제 가운데 하나가 바로 치병에 관한 것이었다.

이런 사실은 『짜라까 상히따 Charaka Samhita』라는 고대 문헌에서 잘 알 수 있다. 그들은 우유와 꿀 또는 그로부터 추출한 버터 등을 치료 약으로 사용하여 자신들의 질병을 치료하였다. 그리고 쇠오줌을 그것들보다 더 중요한 치료 약으로 널리 사용하였다. 그런데 쇠오줌은 붓다가 반대하고 나선 베다 전통에서 전해 내려오는 치료 약이다. 이 사실은 그들이 베다 전통에서 내려오는 소라는 영물의 성스러운 힘으로 행하는 주술적 치료 방법의 전통을 단절하지 못하였음을 가리키는 것이다. 이를 통해 우리는 결국 붓다 당시부터 상가 안에는 상당수 승려가 주술과 과학이 구분되기 어려운 상황에서 치병을 위한 주술 행위를 행하였을 것으로 짐작할 수 있다.

출가승들이 처한 현장도 달랐다. 출가승들은 항상 재가 신자를 만나야 하고 그들에게서 기부를 받아서 사원을 운영해야 했다. 그런데

이런 상황에서 상가에 대해 물질 권력을 가지고 있는 재가 신자들의 관심은 구복과 치병을 주로 하는 주술과 의례에 있었다. 그래서 재가 신자들과 소통하기 위해 적어도 절체절명의 위기에는 그러한 주술 신앙을 용인해줄 수밖에 없었다. 그렇지 않으면 그들과 소통은 불가능하였을 것이다.

당시 사제 역할을 하던 브라만은 모두 주술을 행하는 주술사였다. 브라만 전통을 거부하고 세상을 버리고 나온 많은 슈라만沙門도 그런 역할을 하는 것은 마찬가지였다. 결국 슈라만이 그런 역할을 한 것은 그들이 철저히 물질을 쥐고 있던 재가 신자들의 요청을 거부할 수 없었기 때문이었을 것으로 보인다. 따라서 재가 신자들은 절대적 위기에 붓다의 제자에게 청탁하였을 것이고, 출가승들은 그것을 완전하게 거절할 수 없었을 것이다. 만약 거절했다면 그렇게 이른 시일에 불교가 인민의 지지를 받았을 수는 없었을 것이다.

비나야 삐따까에 보면 승려 한 사람이 뱀에 물려 죽었다는 소식을 붓다가 접한 사실이 나온다. 이 기사에 따르면 붓다는 그의 죽음을 매우 안타까워하면서 주술을 사용하지 않은 것을 아쉬워하는 걸로 나온다.

> 아! 분명한 것은 그 비구가 자신의 사랑이 (주문을 외워) 사방의 뱀에게 퍼져 독이 번지지 않도록 하지 못했구나. 그렇게 했더라면 뱀에 물려 죽지는 않았을 텐데.
>
> —『쭐라왁가』 5. 6. 1

이 기사는 비록 초기 불교의 상황을 보여주는 빨리어 경전의 일부다. 하지만 붓다가 실제로 그렇게 했는지 안 했는지는 분명하게 확인할 길이 없다. 붓다 사후 그의 이름으로 의탁되었을 가능성도 있다는 말이다. 하지만 붓다가 실제로 그런 말을 했든 아니면 붓다 사후 승려들의 행위가 붓다의 권위를 받들어 의탁하였든 간에 그 본질은 별 차이가 없을 것이다. 붓다와 초기 제자들은 원칙보다는 소통을 중히 여기고 버리고 나온 사회에 남은 인민을 버릴 수 없다는 자비심을 귀하고 중히 여겼기 때문이다.

■

양보와
타협에서
변질과
왜곡으로

　재해로부터 구호를 청하는 주술 의례는 붓다 생전에 이미 깊고 넓게 퍼진 문화였다. 당시는 지금같이 이성과 과학이 크게 발달하지 않았기 때문에 액막이를 하는 행위 하나하나가 얼마나 미신적인지, 실제로 얼마나 효력이 있는지를 분간하기가 매우 어려웠다. 붓다가 누군가를 공식적으로 상가에 입문시킬 때 낭송하게 한 뜨리샤라나 Trisharana, 三歸依가 바로 그런 대표적인 예다.

　흔히 한국어로 '거룩한 붓다님께 귀의합니다, 거룩한 가르침에 귀의합니다, 거룩한 스님들께 귀의합니다'로 알려졌는데 실제 뜻은 그게 아니다. 원어인 빨리어로는 '붓담 사라남 갓차미, 담맘 사라남 갓차미, 상감 사라남 갓차미 Buddham saranam gacchami, Dhammam saranam gacchami, sangham saranam gacchami'다. 그 가운데 '사라남'이라는 어휘가 한자

어로 번역할 때 빠져버렸다. '사라남'이라는 어휘는 '구호 즉 보호를 구한다'는 뜻이다. 따라서 '붓다에게 보호를 받으러 갑니다, 그의 법에 보호를 받으러 갑니다, 그의 공동체에 보호를 받으러 갑니다'가 바른 뜻이다. 그런데 이 세 구절은 각각 세 번씩 암송해야 한다.

규정화된 삼귀의 의례는 불교가 대중화되는 과정에서 승려나 재가신자나 할 것 없이 반드시 외워 낭송해야 할 의례의 일부가 되었다. 그것은 의미를 전달하고자 하는 것이 아닌 특정한 장소와 때에 반드시 외워야 할 의례가 된 것이다. 기독교로 치면 보통 교회에서 의례적으로 낭송하는 주기도문이나 사도신경 같은 것이라 생각하면 되겠다.

불교의 많은 부분이 그렇듯 삼귀의의 '사라남' 개념 또한 범인도적 세계관의 산물로 힌두교와 그 뿌리를 같이하는 것이다. '사라남'이라는 개념은 재해와 액으로부터 보호받으려는 당시 힌두 종교 전통의 주문이 불교식으로 자연스럽게 스며든 것이다. 후대의 일화이지만 우리는 인도로 간 중국의 구법승 법현 법사가 인도에서 중국으로 귀환할 때 바다에서 풍랑을 만나자 삼귀의를 암송하여 위기를 극복하였다는 일화를 안다. 우리는 이 일화에서 뜨리샤라나가 빠릿따paritta, 護呪로 작용하였다는 사실을 잘 알 수 있다. 『밀린다빤호Milindapanho』에서 승 나가세나는 밀린다 왕에게 빠릿따를 계속해서 반복하면 모든 질병이 낫고 모든 재앙이 사라질 것이라고 하였다. 그뿐만 아니라 나가세나는 세상의 어떤 약도 필요가 없고 오로지 빠릿따만이 유효하니 인생이 많이 남아 있는 자나 악업에 시달리는 자 모두에게 빠릿따는 큰 도움이 될 것이라 했다. 결국 '사라남'의 뜻도 원래는 운명의 고통에서 보호를 구하는 것이었으나 시간이 가면서 세상의 악귀나 재앙으로부터 보호를 구하는 것으로 확대되었다.

붓다 사후 얼마 되지 않아 붓다의 한 충실한 제자가 많은 승려가 주술 행위에 빠진 것을 보고 탄식한 기록이 있다. 이는 붓다 생전 시기부터 승려들이 이미 그런 비합리적 행위에 빠져 있었음을 보여주는 근거다. 붓다가 출가 승려들이 그런 행위를 하지 못하게 하고 처벌을 내린다고 해서 그 행위를 근절할 수는 없었다.

그들은 붓다가 용인했을 것으로 보이는 중도와 조화 차원에서 이해해야 하는 위급 시기에 애민 차원에서 행하는 주술 행위의 존재를 파고들었을 것이다. 그것은 말씀을 널리 퍼뜨려 세상을 교화한다는 핑계로 물질과 세상에 대한 탐닉에 물든 것이다. 그들이 주술을 받아들여 한 번 물질 욕망의 세계로 빠져들었을 때, 불교는 이미 주술 천지가 되었다. 그리하여 불교는 후대로 가면서 주술의 온상이 되었다. 치병은 물론이고 점복, 마술, 다라니^{dharni, 呪句}, 부적이 시도 때도 없이 판을 쳤다. 죽은 사람과 관련된 재齋나 회會의 천국이 되었다.

비록 붓다가 금지하였지만, 현장 상황이라는 현실적 이유로 붓다 생전에 이미 승려들의 주술 행위는 상가에 상당히 퍼진 것이 사실이다. 인간의 능력으로 어찌할 수 없는 위기에 승려가 재가 신자를 살리기 위해 주문을 외우고 부적을 붙여 기적을 바라는 행위를 하고자 했을 때 붓다가 그것을 전적으로 하지 못하게 하지는 않았을 것으로 본다. 붓다의 행위가 모순적일는지는 모르겠지만, 한쪽 극단으로 치

우치지 않으면서 현실을 중시하고 자비와 연민을 위해 융통성을 보이는 것을 중요하게 생각하는 그의 인격으로 보아 충분히 가능할 것으로 추정된다. 또 하나 이유는 기원전 6세기 상황에서 그 또한 이미 치병 구호를 위한 주문 문화에 깊숙이 빠져 있어 어느 것이 비합리적이고 어느 것이 합리적인지를 쉽게 분간할 수 없는 상태에 놓여 있었을 것이라는 사실 또한 무시할 수 없다. 그 대표적인 것이 앞에서 언급한 쇠오줌을 치료 약으로 사용하는 것이다.

출가승, 재가 신자 할 것 없이 초자연적 힘에 의존하고 그것을 숭배하는 것은 결국 급진적 개혁이 현장이라는 이름 아래 1,000년 넘게 유지되어온 보수적 전통에 굴복한 것이다. 그것은 상가가 기대는 버팀목이자 물질의 젖줄인 재가 신자들이 붓다가 말하는 최고의 궁극인 닙바나를 이해할 수도 없고, 그것에 접근하려 할 수도 없었기 때문이다. 그들은 본질에서 붓다의 뜻을 포기하거나 거부한 사람들이다. 그런데 뭇사람에게 붓다는 연민과 자비심을 가지고 접근했다. 붓다와 제자 출가승들은 뭇사람을 만나 교화해야 했다. 닙바나를 추구할 수 없는 그들을 교화하기 위해선 절대적 위기 속에서 그들과 소통하는 것이 무엇보다도 중요했기 때문이다.

붓다의 주술에 대한 태도는 이런 관점으로 해석해야 한다. 붓다는 주술과 의례 중심의 베다 종교가 사람들의 눈과 귀를 가리고 세상을 호도하고 왜곡하는 데 중요한 역할을 한 것으로 이해했다. 그래서 그가 베다 종교 행위에 매우 중요한 역할을 한 다라니나 부적 같은 주술 행위를 인정하지 않았을 것으로 생각하는 것은 매우 자연스러운 일이다. 하지만 닙바나는 궁극을 포기하고 1,000년 넘은 주술과 의례의 전통에서 빠져나오지 못한 재가 신자들에 대해서도 연민과 자비를 놓치지 않았을 것으로 생각하는 것 또한 자연스러운 일이다.

이를 다른 관점에서 보면 주술과 의례는 결국 물질의 문제다. 구복과 치병 목적의 주술은 상가가 물질을 확보하는 매개로 작용했다. 붓다는 자비심으로 사람들에게 다가가 궁극이 아닌 것에 한 해 여지와 융통성을 열어주었다. 하지만 그의 제자들은 곧바로 그의 진정성을 훼손하고 본격적으로 돈에 빠졌다. 종교가 돈에 빠지면 다시 스승의 말씀으로 빠져나온다는 것은 불가능한 일이다.

그런데 붓다의 제자들은 자신들이 물질에 빠지고 기득 권력을 누리는 모습의 정당성을 붓다의 자비심과 융통성이 만들어준 모순의 공간에서 찾아냈다. 그곳에서 그들은 붓다가 초자연적 행위를 언제 어디서나 행하고 주술을 거리낌 없이 하는 신으로 만들어냈다. 종교는 양보와 타협에서 싹트는 것이어야 한다. 정치도 마찬가지고 도덕도 마찬가지다. 근본과 본질만 따지고 앞세우면 그것은 폭력으로 가기 쉽다. 그런데 양보와 타협이 변질과 왜곡으로 이어지는 일이 종교 역사에서 비일비재하다. 근본의 폭력 못지않게 무서운 일이다. 붓다가 슬픈 것은 진정성이 훼손되었기 때문이다.

이는 제자들이 비록 마음은 물질 세계를 벗어나 있으나 몸은 그 유혹에 빠져 있었기 때문이다. 마음이 몸에서 독립될 수 있다고 생각하는 것은 착각이다. 교회든 절이든 학교든 국회든 정당이든 엔지오든 모든 기관은 물질 없이는 움직일 수 없다. 물질은 결국 권력을 낳고 권력은 제어하지 못하면 부패할 수밖에 없다. 관건은 제어 능력이겠지만 과연 오랫동안 물질과 권력을 제어하여 스승의 초심을 유지할 수 있을 만큼 능력이 뛰어난 제자들이 계속해서 나올 수 있을까? 그것은 인간 세상에서는 불가능한 일이라고 본다.

의례는 일상의 행위를 성聖의 세계로 편입하는 역할을 한다. 의례 없이는 그 어떠한 것도 종교가 될 수 없고 의례가 발달한 행위치고 종교화되지 않는 경우가 없다. 따라서 의례란 내용의 의미를 삭탈하고 형식의 절차를 권력화한다는 점에서 매우 사회 전통적인 또는 보수적인 행위다.

이런 의미에서 2012년 한국의 진보 진영 일부에서 논란이 된 애국가 논쟁은 진보 진영에서 논의할 수 없는 것이다. 애국가를 부정하는 것이 의례 자체를 부정하는 것이 아니라 민중 의례가 아닌(또는 북한의 애국가가 아닌) 차원에서였기 때문이다. 진보 진영에서 하는 논쟁이라면 '애국가'에 대한 것이 아니라 '의례'에 대한 것이어야 했다는 의미다.

붓다가 열반을 설한 이유

붓다가 초자연적인 힘에 대한 신앙을 부정하고 궁극으로 추구한 것은 닙바나 즉 열반이다. 그런데 열반은 그가 독자적으로 만들어낸 것도 아니고 고안하거나 발명한 것도 아니다. 그 이전의 정착 재가 사회 대신 기세 행위를 중심으로 하는 슈라만 전통에 존재해온 개념이다. 그는 이를 두고 오래전부터 북부 인도의 많은 수행자가 가던 길을 자신이 찾은 것이라고 했다. 그는 자신이 인간을 속박하는 집착, 갈망, 증오, 무지에서 이미 벗어났다는 사실을 발견했다고 했다. 그것이 열반이라고 했다.

그런데 열반이 무엇인지에 대해 붓다는 명쾌하게 말하지 않는다. 오로지 비유로 말할 뿐이다. 때로는 성난 파도에 떨어져 있는 섬이라고도 했다. 때로는 캄캄한 동굴이라고도 했다. 때로는 몸을 피하는 피난처라고도 했다. 그렇지 않으면 대부분 부정적인 표현을 들어 어떠어떠한 상태가 아니라고 했다. 여기에 포함되는 것 몇 개만 대표적으로 들어보면 아무것도 하지 않는 것, 갈애가 소진되어 버린 것, 집착하지 않는 것, 욕심을 버리는 것, (장작불 같은) 어떤 불이 꺼져버린 것 등이 있다.

붓다는 왜 궁극 중의 궁극이자 진리 중의 진리인 열반을 자세히 설명하지 않았을까? 그것은 진리를 언어로 표현할 수 없다고 믿었기 때문이다. 바닷속 용궁으로 들어간 자라가 용왕을 비롯한 그곳의 많은 물고기에게 땅과 네발 달린 짐승에 대해 언어로 설명할 수 없는 이치와 같다. 언어는 자신이 감각이나 마음으로 경험하여 알려진 것을 토대로 표현할 뿐이기 때문이다. 그래서 경험하지 않은 절대 진리를 아무리 설명해도 그들이 알 수가 없다.

언어로 표현하는 것은 분명한 한계를 드러낼 수밖에 없다. 이러한 언어적 한계 상황에서 자신이 진리를 어떤 구체적인 것으로 표현하면 사람들은 한계를 인식하지 못하고 즉각 그 표현과 관련된 개념에만 함몰되려 할 것이다. 그러다보면 원래 의도와 정반대 결과를 가져올 수도 있을 것이다. 붓다는 이러한 사실을 간파하였기 때문에 열반을 구체적으로 표현하지 않은 것이다.

붓다의 이러한 생각은 기세라는 필요조건을 충족시키지 못한 사람은 깨달음을 향해 가는 길에 반드시 필요한 도덕과 명상이라는 강령을 따르지 않기 때문에 진리를 판단할 수 없다는 것이다. 열반은 어떤 이성적 사고로 이해할 수 있는 것이 아니라는 말이다. 오로지 자신만이 수행하면서 직접 포착해야 할 뿐이다. 붓다가 규정한 도덕과 명상을 수행하지 않으면 악보만 볼 뿐 그것이 연주되어 나오는 아름다운 음악을 듣지 못한다고 이해하면 될 것 같다. 그래서 붓다는 깨달음을 얻은 후에도 닙바나가 무엇인지 규정하거나 설명하는 것을 거부했다. 깨닫지 못한 사람에게 말해줄 수 있는 언어도 없고 그래 봤자 그들이 이해할 수도 없기 때문이라고 했다.

열반은 신과 같은 존재가 대신해줄 수 있는 것이 아니다. 그래서 엄밀히 말하면 구원이나 구세 개념과는 거리가 멀다. 따라서 붓다는 세상을 구원해줄 수 없다. 아니, 자신 이외에 아무도 구해줄 수 없다. 다만 열반을 깨닫기 위해 가르침을 주고 도와주고 안내할 뿐이다. 그래서 붓다는 깨달은 직후에는 법(담마)을 다른 사람에게 설명하지 않으려 했던 것으로 보인다. 그는 사람들이 자신의 담마가 요구하는 도덕과 명상의 수준에 도달할 준비가 되어 있지 않고 오히려 애착 상태에서 대상을 더 가지려 했기 때문에 자기 말에 전적으로 귀 기울이지 않을 것으로 생각했다.

그런데 그는 갈등 끝에 세상을 향해 법을 설명하기로 마음을 바꾼다. 왜 붓다는 마음을 바꾸었을까? 세상을 향한 자비심과 연민 때문이다. 그런데 과연 그의 자비심과 연민은 세상을 바꾸었을까? 아니면 세상이 그를 바꾸었을까? 결과를 놓고 말하면 세상이 그를 바꾸었고 그의 법은 세상으로부터 버림받았다. 불교는 정해진 진리를 따라가는 게 아니고 진리를 찾아가는 길이다. 따라서 불교가 다양해지고 변화해갔다고 하는 게 옳다. 하지만 붓다라는 한 인간의 가르침이

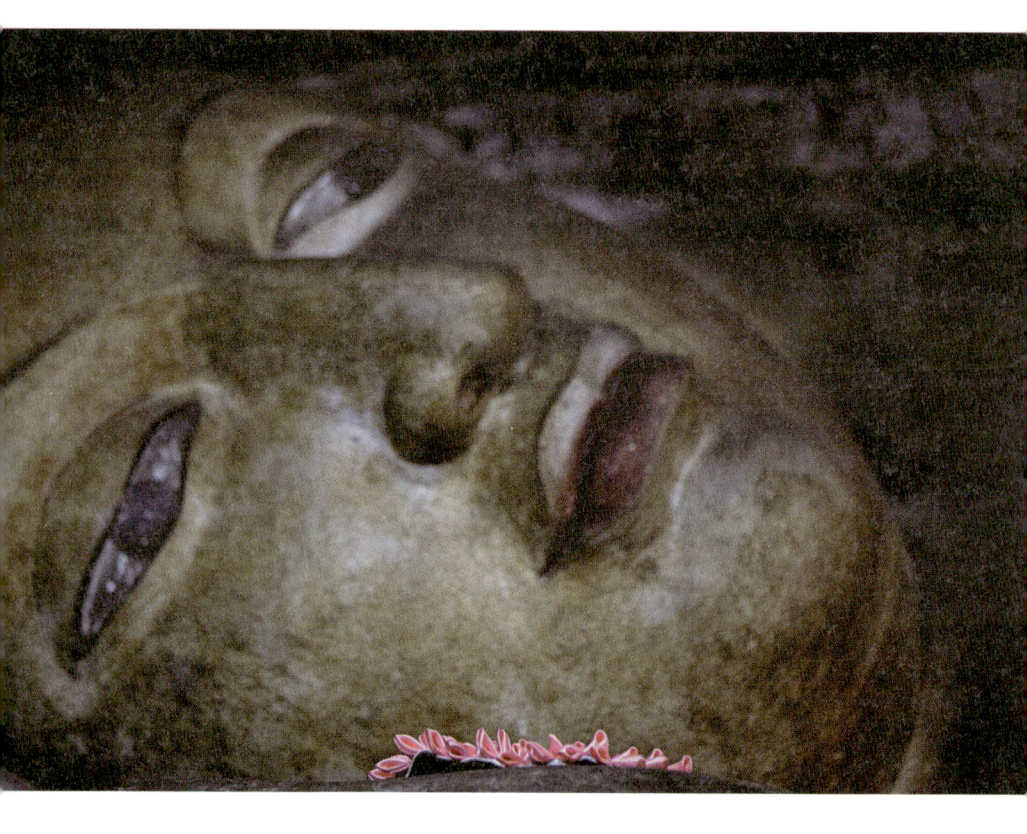

버림받은 것은 분명한 사실이다.

붓다의 가르침을 좇아 세상을 버리고 유행 수도자가 된 제자들에게 필요한 종교 생활은 아무것도 없었다. 오로지 자기 자신만을 의지하면서 그만의 길을 찾아 열반을 깨달아야 하는 것이었다. 자기 자신을 제외한 '남'의 범주에 그들의 스승 고따마 붓다도 포함됨은 두말할 필요가 없다.

누구나 붓다가 간 길을 따라갈 필요는 없다. 그러니 어느 고승이 말해서 세간에 유명해진 "눈밭을 갈 때는 조심해서 가야 한다. 뒷사람들이 따라오기 때문이다"라는 문구는 적어도 붓다의 가르침과는 일정 부분 거리가 있다.

앞사람이 가는 길을 뒷사람이 따라가면 그건 전적으로 뒷사람 책임이다. 앞사람을 따라가지 말고 자기만을 믿고 의지하며 가라는 붓다의 가르침은 비이성적 힌두교에 대한 이성과 자아의 쾌거였다. 그것은 모든 것을 믿고 따르고 숭배하고 형식과 의례에 의미를 부여하면서 종교의 화려한 성채를 쌓아둔 힌두 종교에 대한 통렬한 부정이었다.

그래서 붓다의 가르침에서는 아무것도 숭배할 필요가 없었다. 비록 재가 신자에게 일정 부분 종교 행위를 양해했다고는 하지만 그것은 진리나 지혜가 아닌 바뀔 수 있는 방편이었다. 방편을 가지고 진리나 지혜를 묻고 따지는 근대 학문의 성격으로는 얼마든지 그에 대한 비판이 성립할 수 있다. 그러나 그것은 오로지 근대 학문의 차원에서만 그렇다. 인간과 인간이 조화롭게 사는 길을 모색하면서 그 안에서 근본이라는 것은 없고 유한한 것은 변하는 게 당연하다고 여기는 세계관에서는 양보와 용인은 얼마든지 가능할 것이다.

붓다가 죽기 전에 가까운 제자 가운데 한 사람인 아난다에게 자신이 전해준 법(담마)만 의지할 뿐 아무것도 의지하지 말라고 당부한 것은 철저히 반反숭배의 종교 정신을 가르친 것이다. 그러나 그의 제자들은 그렇지 않았다. 그들은 붓다가 버리라고 한 것은 취하고 버려선 안 된다고 한 것은 버렸다.

그들의 숭배 신앙은 붓다 사후 그의 유골을 수습해 만든 탑을 숭배하면서 본격적으로 시작되었다. 탑은 원래 붓다가 활동하기 이전 베다 시대 끝 무렵부터 전해 내려온 힌두교의 숭배 양식 가운데 하나였다. 당시 인도 사람들은 죽은 사람을 화장하고 유골을 수습한 후 주로 길이 교차하는 곳이나 물이 만나는 곳 또는 큰 나무 밑이나 언덕 등에 돌로 무더기를 쌓아 묻었다.

그것은 죽은 이의 영혼을 숭배하는 것이면서 동시에 막 정착하기 시작한 사람들이 터득한 다산 숭배 의례였다. 그들은 땅을 어머니로 보았으니 땅과 어머니는 모두 생산을 가져다주는 존재였기 때문이다. 그리고 그 위에 세운 돌무더기는 그 어머니와 교접하는 우주의 남근으로 여겼다. 우주적 남근과 여근이 만나면서 생산이 이루어지는 것으로 인식하였다. 그래서 그 자리는 성스럽고 거룩한 곳이 되었다.

붓다는 그런 유골 숭배를 허용하지 않았다. 그렇다고 해서 자신의 유골을 수습하여 묻는 것 자체를 못하게 한 것은 아니었다. 그것은 장례 풍습이지 숭배 의례가 아니었기 때문인데다가 자신의 위치가 이미 범인들과 같이 단순하게 장례하여 유골을 강물에 뿌릴 정도가 아니란 것을 알았기 때문이다.

그는 아난다에게 자신의 유골을 수습하여 묻되 간소하게 하라는 지침을 내렸다. 그의 유골은 여덟 개로 나뉘어 여덟 곳으로 가 간소한 돌무더기로 여덟 개 스뚜빠(탑)가 되었다. 이것이 지금 우리에게 탑과 그 숭배의 시초다. 그렇지만 붓다 사후 탑 숭배는 마른 들판에 불길 번지듯 번졌다. 사람들은 그의 유골을 묻은 스뚜빠에 와서 붓다가 반대했던 힌두 종교 양식에 따라 주위를 돌고 주문을 외우며 복을 구하고 기도했다. 어느 하나 붓다가 원한 것은 아니었다. 붓다는 자신을 따르던 사람들에게 배신당하면서 그들의 신이 되었다.

그 후 전혀 주저함 없이 붓다의 제자들은 붓다가 활동했던 주요 장소에 그를 기념하는 스뚜빠를 세웠다. 붓다가 태어난 곳, 그가 깨달은 곳, 그가 처음으로 깨달음을 전도한 곳, 그가 죽음을 맞이한 곳 등 주요 행적을 담은 모든 장소에는 그의 유골탑이 세워졌다. 그 탑에 실제 붓다의 유골이 있는지 없는지는 아무런 문제가 되지 않았다.

당시 인도인은 사실 여부를 중요하게 생각하는 역사관을 갖지 않았다. 그들은 신이 된 붓다가 전설과 신화 속에서 어떤 방식으로든 스뚜빠와 연계되면 그로써 그만이었다. 그리하여 붓다의 유골을 안치한 스뚜빠는 8만 4,000개로 불어났고, 그 가운데 몇 개는 한국 땅에도 있는 것으로 전설이 만들어졌다. 한국에 있는 '진신 유골'을 안치한 사원은 갈수록 수가 늘어나고, 찾아오는 사람이 인산인해를 이룬다. 그들이 만든 신에게 복을 구하고 명복을 빌고 치병을 구하느라 하루라도 쉴 틈이 없다.

붓다를 배신한 그들의 모습을 붓다가 보면 뭐라고 할까? 난 지긋이 웃을 뿐 꾸중하지 않으리라고 생각한다. 자신의 세계관은 자신의 세계관일 뿐 그것만이 길이요, 진리요, 생명이라 생각지 않았기 때문이다. 이것이 붓다의 여유이자 한계다.

붓다가 반대한 숭배 행위가 이렇게 삽시간에 변질 수 있었던 것은 붓다의 상가 공동체와 재가 신자들이 철저하게 힌두 종교 안에 포섭되어 있었기 때문이다. 상가 공동체는 물질적으로 그들에게 의존했고 재가 신자들은 붓다의 가르침을 힌두 종교 방식으로 믿고 따랐다. 재가 신자들은 전적으로 출가를 전제로 한 기세의 급진적 진보 사상을 전혀 받아들일 수 없었다. 그렇지만 그 둘 사이에 계몽이라는 일방적이고 수직적인 관계가 형성되지 않았기 때문에 가르침을 둘러싼 주변 세력끼리의 충돌은 일어나지 않았다. 거기에는 이단도 박해도 근본도 없다. 다만 서로 다를 뿐 원형이 없으니 변질도 없다. 그것이 불교의 세계다.

보리수 아래에서 수행하였을까

　붓다는 숭배 행위를 무의미한 것으로 여겨 해서는 안 될 것이니 하지 말라고 가르쳤다. 하지만 제자들은 그렇지 않았다. 그들은 모든 것을 다 숭배하였다. 죽은 영혼을 숭배하고, 탑을 숭배하고, 신을 숭배하고, 불상을 숭배하고, 부적을 숭배하고, 주문과 진언을 숭배하고, 귀신도 숭배하고, 경전도 숭배하였다. 붓다를 따르는 재가 신자들에게서 시작되어 나중에는 출가 승려들의 세계까지 휩쓸어버린 숭배 행위는 그들을 감싸고 있는 힌두 종교의 숭배 행위에 굴복한 결과다. 그렇다면 이 지점에서 우리는 하나의 의문을 가질 수 있다. 과연 붓다는 당시 힌두 종교의 숭배 행위로부터 완전히 자유로울 수 있었을까? 그가 깨달음을 얻었다는 보리수를 근거로 하여 한 번 생각해보자.

붓다는 보리수 아래에서 수행하여 깨달음을 얻었다고 한다. 왜 그는 보리수 아래에서 수행했을까? 보리수는 붓다가 살던 시기보다 훨씬 이전인 인더스 문명 시절부터 인도인이 숭배하던 성스러운 나무다. 인더스 문명 유물을 보면 신으로 보이는 한 존재가 보리수 아래에서 결가부좌를 틀고 수행하는 모습이 있다. 여기에서 문제는 두 가지로 제기될 수 있다.

붓다가 실제로 보리수 아래에서 수행했다면 그는 자신이 바람직하지 못하다고 한 숭배 행위를 부지불식간에 한 것이 된다. 보리수가 그늘을 만들어주는 단순한 나무라고 볼 수는 없기 때문이다. 단군의 신단수나 강증산의 당산은 모두 붓다의 보리수 같은 우주수宇宙樹 개념이다. 그것은 인류가 공통으로 갖는 하늘과 땅을 이은 신성한 기운으로 다산을 기원하는 종교 행위다. 붓다가 실제로 보리수 아래에서 수행했다면 그는 영락없이 역사를 초월하지 못하는 그 시대의 산물임을 보여주는 것이 된다. 그도 그 시대 신앙의 세계로부터 완전히 자유로울 수 없다는 말이다.

나는 붓다가 보리수 아래에서 수행하지 않았을 것으로 본다. 붓다는 재가 신자들에게 일정 부분 숭배와 의례에 대해서 양보하여 그의 가르침이 후대에 변질하는 빌미를 제공하였다. 하지만 그가 유행 수도자로서 뭇 사람들의 숭배 대상이던 보리수 아래에서 수행할 정도로 분별력이 없었을 것으로 보지는 않는다. 그렇다면 붓다는 왜 보리수 아래에서 수행한 것으로 되어 있을까? 붓다의 보리수는 후대 사람들이 자신들의 힌두교 신앙을 불교로 편입시킨 결과일 것이다. 후대 특히 대승 불교 이후 사람들은 힌두 종교 전통의 숭배물을 대부분 빌렸다. 그 가운데 보리수도 들어 있다.

붓다 사후 500년 정도가 지난 대승 불교기에 들어와서 붓다는 더는 번민과 고행을 겪는 인간적 존재가 아니었다. 사람들은 그의 우상을 만들어 숭배하고 그에게 물질을 바치고 의지하였다. 이러한 모습은 당시 힌두교도가 그들의 신 라마나 끄리슈나를 우상을 만들어 숭배하고 그들의 힘에 의지하여 모든 것을 그들에게 바치는 예배(박띠 bhakti) 행위와 전혀 다를 바가 없었다. 힌두교의 예배 행위는 기원후 4~5세기가 되면서 전 인도를 휩쓸었다. 불교는 그 물결에 휩싸이면서 힌두교와 다를 바 없는 종교가 되어버렸다.

결국 불교의 창시자 인간 붓다는 6세기경 힌두교 경전인 『맛시야 뿌라나 Matsya Purana』라는 문헌에 처음으로 힌두교의 최고 삼신 가운데 하나인 비슈누의 화신으로 등장한다. 붓다가 비슈누의 화신으로 편입된 것은 그가 갖고 있던 여러 가지 신적 성격으로 볼 때 전혀 무리가 없었다. 깨달음을 추구하고 자비로 인간을 구원하고 세상을 광명으로 인도하는 힌두교의 전형적인 태양 계열의 한 신이 이미 되어 있었기 때문이다. 그래서 그를 숭배하던 재가 신자들에게 그가 힌두교의 한 신으로 편입되는 현상은 아주 자연스럽게 받아들여진 것으로 보인다.

그런데 붓다가 비슈누의 한 화신으로 편입되자 종교가 정체성의 주요 원천이 되어버린 근대 인도인에게 큰 혼란이 발생했다. 6세기 이후 붓다를 모시는 중세 사원을 놓고 근대 불교도와 힌두교도 사

이에 다툼이 생긴 것이다. 불교도는 불교 사원을 힌두교도가 강탈해갔다고 볼멘소리를 하지만 힌두교도는 붓다가 이미 힌두교의 한 신이 되었으니 그를 숭배하는 것은 이미 힌두교의 일부라고 주장하였다.

지금은 불교의 가장 중요한 성지가 되어 세계의 모든 불교도가 해마다 모여 성대한 불교 대회를 치르는 보드가야Bodhgaya의 마하보디Mahabodhi 사원이 근대 이전 오랫동안 비슈누의 한 화신이 된 붓다를 안치해놓은 힌두교 사원이었다는 것은 알 만한 사람은 다 아는 사실이다. 과거에는 그것이 불교든 힌두교든 별로 큰 문제가 되지 않았다. 역사적으로 볼 때, 힌두교 사상가들이 요즘 말로 담론 차원에서 불교의 세계관을 신랄하게 공격한 예는 있다. 하지만 폭력을 사용하면서 상대방을 공격한 예는 없었다. 힌두교도가 불교 사원을 강탈한 적이 없었다는 의미다. 하지만 그런 역사적 진실은 통용되지 않았다. 결국 역사적 진실은 폐기된 채 마하보디 사원은 불교 사원으로 우뚝 섰다.

종교가 자기 정체성의 근원이 된 것은 서양의 산물이고, 그것이 인도로 들어온 것은 식민주의의 지배 원리로서였다. 인도에서는 전통적으로 종교가 다르다고 상대방을 핍박하거나 탄압하거나 박해하는 따위의 행동은 전혀 없었다. 붓다를 주ᵗ로 모시는 것이 힌두 사원이든 불교 사원이든 그들에게는 그리 큰 문제가 되지 않았다. 이것이 적어도 인도 세계에서는 참다운 종교의 세계였다.

붓다가 살아 있던 시기에는 그가 워낙 강력하게 신과 초자연의 힘을 거부하였고, 브라만이 주도하는 제사에 반발하였기 때문에 초기 상가에서 행하는 의례는 영적이고 주술적인 힘이 배제된 그야말로 최소한의 단순 절차였을 뿐이다. 그 절차 안에 재가 신자들이 참여할 여지는 전혀 없었다. 그래서 의례가 주술적 힘이나 권위를 가질 수 있는 여지 또한 거의 없었다.

그렇지만 주술과 의례 중심의 힌두교가 포위하고 있는 상황에서 그런 초기 모습을 유지한다는 것은 불가능에 가까웠다. 출가승들에게 그러한 성격의 힌두교는 물고기에게 물이자 네발짐승에게 땅과 같이 익숙하고 당연한 것이다. 따라서 그것을 끊고 새롭게 생각하고 살아간다는 것이 그들에게는 여간 어려운 일이 아니었을 것이기 때문이다.

변화는 출가승들 가운데 일부가 그들 공동체를 더욱 굳건히 형성하고 유지하고자 하는 차원에서 힌두교 의례를 빌리면서 시작되었다. 그들은 먼저 힌두교의 은둔자들이 모여 여러 우빠니샤드와 아라니야까를 강회講會하는 전통을 빌려 붓다의 법어와 게송 등을 강회하는 의례로 만들었다. 우안거 기간에 모든 승려가 한곳에 모여 상가 공동체의 단합을 도모하고자 함이었다. 여기에 베다 시대부터 이어져온 은둔자들에 대한 근신과 참회를 위한 수계의 성격이 더해졌다. 그래서 재가 신자들이 계를 여덟 개 받는다 하여 팔계재八戒齋로 이름이 붙여졌다.

그런데 힌두교 의례인 우뽀사타 uposatha는 베다 시대에 매월 초승달과 보름달이 뜰 때 올리는 두 차례 제사 전날 밤 여러 잡신이 '먼저

(내려와 참석하는) 자리'(우빠-와스타$^{upa-vastha}$)에서 모든 일과 노동을 중지하고 몸의 정결을 지키기 위해 근신과 참회를 하는 의례였다. 따라서 우뽀사타는 성격상 이 사회에 뿌리내리고 있는 재가 신자를 위한 것일 뿐 제사를 거부하고 사회를 떠난 출가자들과는 전혀 관계가 없었다.

그런데 사회를 버리고 떠난 승려들이 그들 공동체의 단합을 위해 근본적으로 신을 믿고 숭배하는 문화의 산물인 베다 시대의 의례를 받아들인 것이다. 사회를 버리지 않은 재가 신자들의 궁극적 목표는 당연히 열반, 즉 해탈하는 것인데 이렇게 될 수 없으므로 세상 안 힌두교에서 가져올 수밖에 없었다.

의례의 세속적 목표로는 좋은 곳으로 윤회하는 것도 있겠고, 복을 많이 받아 부자가 되는 것도 있겠고, 건강하고 자손이 번영하는 것도 있겠다. 그렇지만 뭐니 뭐니 해도 가장 절실한 것은 치병이었다. 오늘날과 같이 과학이 발달하지 않은 당시 상황에서 병에 걸리거나 뱀에 물리는 것과 같은 심각한 위기에 처할 때 누구든 초자연적 힘에 의존하는 것은 자연스러운 현상이다. 사실 이는 재가 신자뿐만 아니라 출가 승려에게도 마찬가지였다.

붓다의 가르침이 본격적으로 힌두교와 만나면서 생긴 대중화는 붓다 사후 200년 정도 된 기원전 3세기 인도를 최초로 통일하여 제국을 세운 아쇼까 통치 때 본격화되었다. 아쇼까는 통일 제국을 세운 뒤 힌두교의 제사 의례를 금지하였다. 제사라는 것이 무엇인가? 제사는 브라만에게 살아 있는 제물을 바쳐 그것을 희생시키고 절차에 따라 사제에게 신도들이 옷, 음식에서부터 소, 토지, 돈과 같은 재물을 바치는 행위다. 따라서 제사는 브라만의 절대적인 경제적 원천이다.

그런데 브라만은 아쇼까의 통일 제국이 만들어진 당시 사회의 제1 기득권자였다. 처음으로 통일을 이룬 왕으로서는 반드시 힘을 약화시켜야 할 우선 대상이었다. 결국 아쇼까의 불살생을 기반으로 하는 제사 금지 정책은 브라만에게 심한 타격을 주기 위한 브라만 억압 정책이었다.

하지만 그것은 어디까지나 브라만의 경제력을 지원하는 수준의 대규모 또는 화려한 의례 수행에 대한 금지였을 뿐 불교 승려들이 행하는 의례에 대해서는 전혀 간섭하지 않았다. 그뿐만 아니라 역으로 불교에 상당한 지원을 아끼지 않았다. 그가 불교 의례를 적극적으로 지원한 것은 한편으로는 브라만 세력에 대한 견제 차원이었다. 하지만 또 다른 차원에서는 인도 최초 통일 제국의 운영자로서 재가 신자들을 육성하기 위한 차원이기도 했다. 그것은 브라만을 견제하기 위해서 제국 재정의 근원이자 사회 안정의 근간인 인민의 출가를 막아야 했기 때문이다.

이런 의미에서 아쇼까는 한국의 불교도가 이해하는 수준의 불교 호법 군주는 아니었다. 그는 불교 외에도 자이나교나 아지위까의 여러 종교를 후원하였다. 그 이유는 전적으로 기득권인 브라만의 견제와 억압에 있었다. 아쇼까가 필요로 한 것은 독실한 불교 승려가 아닌 사회 속의 선남선녀였다. 그래서 그는 불교 의례를 적극적으로 지원하였다. 이후 불교는 대중화에 박차를 가해 많은 불교 재가 신자를 확보하면서 크게 성장하였다. 하지만 그것은 동시에 불교가 힌두교 속으로 동화되어가는 과정이었다. 그런 과정에서 역사인 붓다는 죽어갔고, 우주의 신 붓다는 비슈누의 한 화신으로 자리를 잡아갔다.

모순에 빠진 재가자

불교 역사에서 의례는 무슨 역할을 하였는가? 유사 종교를 포함한 모든 종교에서 그렇듯 의례는 교단의 정체성을 형성하면서 공고히 하고 그것과 신자 사회의 관계를 이어주는 통로 역할을 한다. 이미 재가 사회의 경제적 지원 없이는 유지될 수 없는 상태에 접어든 시기에 상가는 의례를 통해 자기 정체성을 확고하게 하였다. 그리고 그것을 재가 사회의 적극적 참여를 유도하는 방편으로 활용하였다.

당시 상가에 물질적으로 후원하는 재가 신자들은 출가하지 않았기 때문에 여전히 힌두교의 테두리 안에서 종교 행위를 했다. 그 때문에 힌두교의 의례와 숭배에 대한 신앙과 완전히 결별할 수는 없었다. 그들은 궁극적으로 붓다가 건설한 청교도적이고 금욕적인 상가를 지지하고 후원하였다.

하지만 그가 규정한 궁극의 목표를 달성하고자 하는 것은 아니었다. 그래서 자신이 열망하는 신이나 초자연적인 힘에 대한 숭배를 실현하는 차원의 의례가 절실히 필요했다. 그들은 여전히 불교 안에서 힌두교의 형식을 빌려 복을 빌었고 공덕을 쌓았다. 결국 그들은 붓다가 무의미하고 극복해야 할 것으로 규정한 윤회를 추구하는 꼴이 되었다. 붓다를 따르되 붓다가 될 수 없었던 것이다.

왜 이런 모순이 발생하였을까? 이는 붓다가 후원자 사회를 독립된 이념이나 체계를 가진 조직으로 육성하지 않았기 때문이다. 붓다는 사회의 가치를 인정하지 않았으므로 사회 조직에 관심을 두지는 않았다. 그러나 그 특유의 유연한 중도적 자세로 사회에 남은 사람들을 팽개치지는 않았다. 가치를 두지 않으면서 연민만 둔 결과였다. 붓다를 따르는 재가 신자들은 붓다와 제자들을 후원하는 처지였지만 사회 내에서 살아갈 때 필요한 일상생활의 여러 의례를 독자적으로 갖추지는 못하였다. 그런 의례는 자손 출산, 결혼, 장사葬事 같은 통과의례는 두말할 것도 없고 사업, 공부, 치병 등과 같은 비종교적 일을 할 때에도 필요하였다.

그들은 필요하였으나 붓다와 제자들이 제공해주지 못했기 때문에 그 의례를 목말라 하였다. 그래서 물질 후원자로서 재가 사회는 사원에서 행하는 출가 승려의 의례에 참여하도록 해달라고 요구할 수밖에 없었다. 그리고 재가 사회에서 필요한 여러 일상 의례를 주재해달라고 요청하였다. 이에 대해 이론과 논리에는 어긋나지만 불교 특유의 이중 구조 속에서 독립적 재정 체계를 갖추지 못해 재가 신도에 의존하면서 교단을 운영할 수밖에 없는 상가에서는 그들의 청을 들어주지 않을 수가 없었다.

이런 이유로 그들은 붓다의 세계관을 따르고자 했다. 그러나 브라만 의례주의에서 빠져나오는 데는 실패하였다. 그들은 붓다에게 향해 있었으나 붓다를 따르지는 못했다. 그것은 그들이 삶과 죽음 사이에서 일어나는 본질 문제에 붓다와 같은 종류의 고민을 하지 않았기 때문이다. 먹고사는 문제에서 벗어나지 못하는 상황에서 그러한 본질적인 고민을 하는 것은 이율배반적인 또는 사치스러운 일일 수밖에 없었다.

부모를 버리고 자식을 버리고 떠나려야 떠날 수 없는 상황에서 설사 자신들이 붙들고 있는 의례나 숭배가 비합리적인 신앙이라 할지라도 그것을 통해 위안을 받을 수 있다면 그것으로 충분한 일이었다. 그래서 그들은 전대부터 내려오는 의례가 주는 영적이고 주술적인 힘을 버릴 수 없었다. 사랑하는 남편을 죽음의 세계로 보낸 아내, 자신의 목숨보다 더 소중한 아들을 잃어버린 어머니는 억만금을 주더라도 죽은 영혼을 좋은 세상에 보내기를 바란다. 따라서 합리적이든 비합리적이든 어떤 의례라도 행하고자 할 것이다.

궁극을 추구하는 대신 의례를 통해 위안받는 길을 택한 인민에게 돌을 던질 수는 없다. 붓다의 고민과 모순은 그 지점에서 출발하였다. 결국 재가 사회는 상가로부터 신앙을 통한 위로를 얻고 상가는 재가 사회로부터 물질을 얻었다. 양자는 이 모순적 구조를 기꺼운 마음으로 유지하였다. 그 과정에서 통로 역할을 한 것이 바로 의례였다. 시간이 흐르면서 붓다가 설파한 세상의 이치는 힌두교의 의례 속으로 들어가버렸다. 붓다 또한 그 안에서 숨 쉬는 또 하나의 신이 되어버렸다. 승려가 앞에서 끌고 신자가 뒤에서 밀면서 의례는 붓다를 죽였다. 그리고 그 대신 불교를 살렸다.

붓다가 죽게 된 것은 결국 자신이 펼친 이중적 중도의 길 때문이다. 내가 붓다를 유한한 역사적 인간으로 보는 이유가 바로 여기에 있다. 그의 사고와 행동에서 진실되지만 뭔가 모순되는 면이 보이기 때문이다. 이러한 그를 범인으로서는 도저히 근접할 만한 수준이 아니며 인간 이상의 역사를 초월한 존재로 보는 것은 종교 신학적 입장이다. 나는 이러한 맥락에서 붓다가 비록 주술 행위를 해서는 안 될 짓이라고 규정했을지라도 제가 신자들이 죽음이나 그와 버금가는 위기와 슬픔을 접했을 때 그러한 행위를 꾸짖거나 해서는 안 된다고 금하지는 않았을 것으로 해석하는 것이다. 그는 당시 역사적 상황과 절연한 절대적 존재가 아니기 때문이다. 그가 역사인인 것은 이러한 차원에서다.

그동안 서양의 이성과 계몽 그리고 진보 중심 세계관에 따라 너무나 많은 사람이 죽거나 다쳤다. 그 때문에 인류 역사가 얼마나 피폐해졌는가. 이제는 무원칙도 좋고 변질도 좋아야 한다. 원칙과 근본을 정체성으로 삼아—사실은 그것이 원칙과 근본이 아님에도—그 정체성이 다른 사람들을 찌르고 쏘고 베어 죽이는 일이 더는 일어나지 않아야 한다는 말이다. 종교를 정체성의 근간으로 삼아 강간하고 납치하고 복수하는 일이 인류사에서 사라져야 한다.

우리는 오랫동안 학교에서 배운 '이 몸이 죽고 죽어'로 시작하는 정몽주의 「단심가」를 옳은 충신의 길로 삼아 마음 깊은 곳에 간직해왔다. 반면 '이런들 어떠하리, 저런들 어떠하리' 하는 이방원의 「하여가」를 절개를 버린 따라가서는 안 될 길로 치부할 것을 부지불식간에 강요당해왔다.

유신과 국가주의의 교육은 오로지 국가에 대한 충절을 강요했고 그사이에 원칙과 근본이 모든 정신의 기본으로 간주되었다. 이는 유신과 국가주의를 반대하는 진보 진영에서도 마찬가지였다. 이념과 동지를 위한 사투는 유신 국가주의의 쌍생아다. 원칙과 근본을 주장하지 않고 상황에 따라 견해를 달리하지만 그 뿌리는 인간에게 두는 진보의 모습을 붓다에게서 본다. 설사 그 진보가 나중에 모순에 빠져 슬픈 진보가 될지언정 근본과 원칙으로 닿는 폭력의 세계보다는 낫지 않겠는가?

6장

정의로
세상을
다스려라

사회 질서를 수호하는 왕권을 지지함

인도사에서도 물론이지만 스리랑카, 타이, 베트남, 미얀마 같은 남방 불교의 나라에서도 중국, 한국, 일본의 역사에서도 붓다를 앞세워 정치한 군주는 부지기수였다. 붓다 이름으로 권력을 장악하고, 붓다 이름으로 전쟁을 하고, 붓다 이름으로 정적을 처단하고, 붓다 이름으로 권력의 앞잡이가 되는 예는 부지기수다. 그럴 때마다 그들은 하나같이 붓다 이름을 들먹이고 붓다에게 기도한다.

그렇다면 과연 붓다는 정치를 어떻게 바라보았는가? 어떤 사람들은 불교는 본래 왕권이나 정치와는 무관한 것이라고 말하기도 한다. 그런데 어떤 사람들은 불교는 왕권이나 정치와 원래부터 매우 밀접하게 관련되어 있었다고 말한다. 둘 다 어느 한쪽만 보고 말하는 것이다. 그것은 붓다의 이중적 태도를 이해하지 못하였기 때문에 생긴 현상이다. 붓다는 사회 내의 모든 것을 버리고 밖으로 나갔지만 정치에 관심을 끊지는 않았다.

이를 좀 더 자세히 알아보기 위하여 붓다가 살던 기원전 6세기 북부 인도의 정치 상황을 살펴볼 필요가 있다. 이 시기 이 지역은 철제 농기구가 광범위하게 도입되어 농업이 크게 발달하였다. 상업과 교역이 활발하게 전개되면서 인더스 문명이 사라진 이후 1,000년 만에 다시 도시 문화가 번성하였으며 북부 인도 전역에 걸쳐 20여 개 도시가 형성되었다.

생산의 원천인 땅에 대한 중요성이 점차 커지면서 북부 전역에 영역 국가가 형성되었다. 니까야 경전에 따르면 영역 국가의 수는 16개였다. 그 가운데는 마가다, 꼬살라 같은 군주제 국가도 있었고, 릿차위 Lichchhavi 나 사끼야 같은 공화제 국가도 여럿 있었다. 공화제 정부 형태는 서북부와 히말라야 산록에 있는 국가들이 주로 채택하였다.

붓다가 태어나고 자란 사끼야족의 나라는 히말라야 산록에 자리잡은 공화국이었다. 여러 나라는 영토 확장 전쟁을 계속 치렀는데 공화국들은 마가다나 꼬살라 같은 군주국보다 국력이 강대하지 못했다. 붓다가 활동하던 당시 공화국들은 강력한 군주국에 대항하기 위하여 연맹을 형성하기도 했다. 그러나 기나긴 전쟁 끝에 몇 개 군주국만 남고 공화국들은 역사에서 사라져가고 있었다.

붓다의 정치관에 큰 영향을 미쳤을 공화제에서는 왕위가 세습되지 않고 선출되었다. 또 여러 과두寡頭 족장을 대표로 하는 연맹체를 구성하거나 인민의 회의체가 상당한 권한을 가지는 등 상대적으로 인민에게 많은 자치권을 부여했다. 당시 회의체는 가나^gana 또는 상가로 불렸는데, 붓다가 사회 밖에 세운 공동체인 상가는 여기에서 나온 것이다. 이를 통해 우리는 붓다가 자신이 나고 자란 공화국의 전통이 사라져버린 것을 안타까워했음을 알 수 있다. 그는 여러 사람이 권력을 나눠 가지면서 정사를 논의하던 회의체에서 이상 사회의 모습을 찾았다.

이 시대는 상업이 크게 일어나고 영역 국가가 발흥했기 때문에 정치, 경제 등 물질적 권력이 대단히 중요하게 여겨졌다. 이전까지는 주어진 직분에 따라 나뉜 카스트에 따른 의례적 지위가 가장 중요한 권력의 요체였다. 하지만 상업을 하면서 부호 세력으로 성장한 바이샤와 국가를 중심으로 권력을 키운 끄샤뜨리야가 이데올로기와 의례를 중심으로 권력을 쌓은 브라만에게 강력하게 도전하는 형국이 되었다.

이 가운데 특히 브라만과 끄샤뜨리야 사이에 상당한 갈등이 있었다. 브라만과 끄샤뜨리야의 갈등은 의례적 지위와 실질적 권력 사이의 괴리에서 발생한 것이다. 브라만과 끄샤뜨리야 사이의 의례적 지위는 분명하게 구분되었다. 하지만 정치적 권력은 그렇지 못하였다. 다시 말하면 제사와 신화에 대한 권력은 브라만이 변함없이 독점적으로 차지했지만 왕권은 끄샤뜨리야에게만 국한된 것이 아니었다. 누구든 힘만 있으면 왕이 되고 실권을 잡을 수 있었다.

이 상황에서 비록 브라만이 의례적 지위로는 최고위에 있었다지만 왕권이 브라만에 제한되지는 않았다. 특히 군주제 국가에서 왕권

은 견제 수단이 전혀 없는 절대 권력이었다. 왕을 견제하는 어떤 기관도 존재하지 않았고 그러한 권력 제한에 대한 개념조차 존재하지 않았다. 왕은 모든 인간과 자원을 절대적으로 통제하는 자였다. 하지만 그렇다고 모든 왕이 인민의 존경을 받은 것은 아니었을 것이다. 주어진 책임과 권한을 어떻게 행사하느냐에 따라 인민의 평가는 달라질 것이다. 여기에서 우리는 붓다와 제자들이 가졌던 왕에 대한 생각을 직·간접적으로 살펴볼 필요가 있다.

힌두교 전통에서 대표적인 왕의 의무 가운데 하나는 범법 행위를 강력하게 처벌하여 사회 질서를 온전히 유지하는 것이다. 왕은 곧 사회 질서의 수호자다. 붓다는 상대적으로 군주국보다 더 민주적으로 권력이 골고루 나뉘어 있고 전통적 사회 질서를 유지하던 공화국의 영향력이 더 강한 곳에서 자랐다. 그곳에서 사회 질서는 전적으로 끄샤뜨리야의 몫이었다. 끄샤뜨리야 출신 붓다는 사회 질서 수호의 전통을 고스란히 이어받아 그것이 사회에서 얼마나 중요한지를 알고 있었다. 그가 강력한 왕권을 지지한 것 또한 이런 맥락에서 이해해야 한다.

붓다는 사회 질서를 잘 유지하기 위해서는 왕이 강력 범죄자에게 극형을 내릴 수도 있다고 생각했다. 그는 투옥, 재산 몰수, 극형 등과 같은 국가의 권위는 인민의 위임을 받아 생겨난 것이라고 생각하였다. 따라서 사회 질서를 유지하는 강력한 국가가 없다면 인민은 무정부 상태 속에서 약육강식의 희생물로 전락할 것이 뻔하므로 국가 권력의 남용은 어느 정도 감수해야 하는 것이라고 생각하였다.

이는 붓다가 왕이 사회를 잘 유지해야만 사유 재산이 잘 유지되고 가족이 잘 보호되며 그 위에서 생산이 풍족하게 이루어진다고 믿었기 때문이다. 그래야 모든 인민이 잘살 수 있다고 생각했기 때문이다. 붓다는 좋은 끄샤뜨리야들이 권력을 분점하면서 인민을 위해 사회 질서를 수호하는 공화국 전통을 가치 있는 것으로 평가했다. 하지만 그는 역사의 현실을 냉정하게 대하는 현실주의자였다. 그는 현실은 현실에서 이상은 현실 밖에서 이루려 했다. 공화제 국가가 다 무너져버리고 약육강식이 판치는 현실에서 '민주주의' 같은 비현실적 담론에 얽매이지 않았다.

그런데 여기에서 말하는 사회 질서 유지는 고대 인도의 보편법, 즉 다르마와 밀접한 관련이 있다. 기본적으로 고대 인도에서는 우주와 사회에 관한 보편법의 권위가 왕이나 나라에 관한 권위보다 우선이었다. 따라서 왕의 법과 권위가 보편법에 종속되는 것은 당연하다. 이러한 점은 힌두 브라만의 세계관이나 붓다의 세계관이나 마찬가지다.

이 세계관에 따르면 사회 질서는 우주 세계와 나란히 영원히 존속하지만 개인의 생명은 무한의 시간 속에 반복되는 여러 생명 가운데 하나일 뿐이다. 왕의 으뜸 의무가 사회 질서 유지인 것은 바로 이런 차원에서다. 물론 여기에서 말하는 사회 질서는 당연히 카스트 질서다. 그런 점에서 붓다 또한 앞에서 여러 차례 말한 바와 같이 사회 안에서의 카스트 질서를 옹호했다. 그래서 왕은 브라만뿐만 아니라 다양한 종교 집단을 후원하고, 여러 종교 스승의 가르침을 경청해야 했다. 그들이 진리에 대해서는 다른 견해를 가질지라도 사회 내 질서에 관한 보편법에 대해서는 하나같이 모두 옹호하는 자였기 때문이다.

그래서 붓다 시대는 물론이고 그 이후에도 인도에서는 종교 권위에 대한 왕의 통제가 매우 적은 편이었다. 따라서 기세 원리로 모인 사회 밖 불교 상가에서는 사회 안의 정치에 별 관심을 두지 않았고 국가 정치와 특별한 관계를 형성하지 않았다.

하지만 경제나 사회, 의례에 관한 부분에서 나타났듯 붓다는 궁극을 추구하지 못하는 재가 신자들에 대한 자비와 연민 때문에 사회 내에서 위정자가 어떻게 통치해야 올바른지에 대해서는 상당한 조언을 주었다. 그것이 붓다 사후 상가가 정치에 깊숙이 관여하는 빌미를 제공했다는 것은 두말할 필요가 없다.

인간의
얼굴을 한
역사관

붓다의 정치에 대한 태도를 더 잘 이해하기 위해서는 그의 시간관 또는 역사관을 살펴보는 게 필요하다. 그것은 그가 정치를 태초의 과거에서부터 궁극의 미래로 연계되면서 발전해온 것이라고 믿었기 때문이다. 그는 시간을 과거-현재-미래 순으로 진보하는 것으로 보았다. 그는 이런 맥락에서 이성적이고 실재적인 세계관을 갖게 되었다.

붓다는 동시대 힌두교 사상가보다 사회 행위에 대한 매우 합리적인 인과관因果觀을 가지고 있었다. 이 때문에 힌두의 역사 전통보다는 진보적인 시간관을 가졌다. 그래서 붓다와 제자들은 초기 불교의 개화, 발전, 포교 같은 적극적인 사회 변화에 관한 전통을 세울 수가 있었다. 또 힌두교 전통과 달리 불교 자체가 교단-종파 중심으로 전개되는 종교이면서 구체적 역사 인물 중심의 종교이기 때문이라는 사실도 중요한 역할을 하였다. 이로써 교단과 종파의 기록을 중시하게 되었고 이것이 기록의 전통으로 발전하면서 독자적인 불교의 역사 인식이 발달하게 되었다.

붓다의 역사관은 인간 중심의 이성적 보편법을 강조하는 데 있다. 보편법과 관련하여 그는 시간이 흐르면서 법은 제대로 서는 정법正法, 변질하는 상법像法, 타락하여 결국 소멸하는 말법末法이 된다고 하였다. 구체적 현실과 관련해서는 역사가 태초의 이상적 상태를 유지하다가 변질되어 난관에 봉착하게 된다는 개념이다. 이는 여러 종교에서 갖는 직선적 시간관의 전형이다. 붓다의 역사관은 현재를 과거-미래와 연결하는 확고한 종교적 진보 개념에서 설정되었다. 붓다의 시간은 이 세계가 '태초의 시작'에서 '난관'을 거친 후 '영웅의 도래'라는 3단계로 구성되어 있다. 이는 불교 이외의 많은 종교에서 공통분모로 나타나는 신학으로 '도덕 타락'과 '천국 도래'라는 개념을 가지는 기독교적 역사관과도 근저에서 상당 부분을 공유한다.

붓다는 이 신학적 신념을 현실의 역사 속에서 구체화했다. 정법에서 상법으로 타락하고, 상법은 다시 말법으로 타락한다는 현실의 시간 개념을 이상적 세계 군주인 짜끄라와르띤chakravartin(전륜왕)의 도래라는 이상적 시간 개념으로 전환하여 구체화한 것이다. 짜끄라와르띤은 짜끄라chakra, 즉 수레바퀴를 굴리면서 사방을 통치하는 군주다.

짜끄라는 진리, 정의, 법 등을 포괄하는 인도의 보편법인 다르마를 상징하고 '굴린다'는 것은 그 보편법이 세상 만방에 퍼지도록 함을 의미한다. 이 용어는 붓다의 많은 개념이 다 그렇듯 힌두 사상에서 나왔다. 그 정확한 의미는 자신의 짜끄라, 즉 전차가 사방에서 아무런 제약도 받지 않고 어디든지 갈 수 있는 통치자 세계 군주다.

짜끄라는 힌두교에서 창조의 주 브라흐마, 생산의 신 시바와 함께 삼신을 이루는 비슈누의 상징이다. 세상 질서를 유지하는 신으로 널리 알려진 힌두의 이상적인 왕 라마가 곧 비슈누다. 그래서 모든 왕이 손에 쥐고 있는 것이 바로 짜끄라다. 짜끄라는 태양의 상징이기도 하다. 태양이 지구의 주위를 돌면서 지구를 다스린다는 의미가 그 안에 담겨 있다. 고대 힌두 사상가들은 짜끄라와르띤이 정치에서 바로 이 태양과 비슷한 위치를 차지한다고 생각했다. 그런 맥락에서 짜끄라와르띤은 휘하의 모든 왕에게 자신의 정의로운 명령을 반드시 따르도록 다스리는 자다.

짜끄라와르띤 사상은 초기 경전인 니까야에 상당히 자세하게 나와 있다. 붓다가 짜끄라와르띤과 일치한다는 기술까지 나오는 것을 보면 붓다 자신이 이 강력한 권력을 가진 세계 군주를 이상적인 왕으로 생각했던 것이 분명하다. 그런데 앞에서는 붓다가 공화국의 권력 분점을 더 좋아했다고 설명했다. 그 사실과 세계 군주를 이상적 형태로 생각한다는 것과는 모순이지 않은가 생각할 수 있지만 전혀 그렇지 않다.

붓다의 다른 면에서 항상 나타나듯 붓다는 이상과 현실 사이에서 절묘한 중도적·이중적 태도를 나타냈기 때문이다. 세상을 버리고 떠난 사회 밖 공동체는 이상 사회를 꿈속에서 건설하는 것이므로 공화국 형태에서 따와 민주적 공동체로 건설한다. 하지만 그것은 세상

안에 남아 있는 인민과는 관련이 없다. 전 세계를 통치하는 강력한 군주를 이상적인 정치 지도자로 삼는 것은 더 실질적인 차원에서 나온 것이다. 붓다는 군주가 혼란 없이 사회 질서를 수호하는 역할을 해야만 사회 안에 사는 인민이 평안할 수 있다고 생각하였다. 브라만이 인민을 착취하고 억압하는 것을 이상 군주인 전륜왕이 제어해야 한다는 생각에서 나온 것이다.

『디가 니까야』의 「짝까왓띠 시하나다 숫딴따^{Chakkavatti Sihanada Suttanta,} 轉輪獅子吼經」에는 전륜왕의 개념이 매우 상세하게 나타나 있다. 이 경전들은 니까야 경전들 가운데 후대에 속한 것으로 보이기 때문에 그 개념이 전적으로 붓다의 것이라고 말할 수는 없다. 하지만 신화적인 부분을 제외하면 중요한 근간은 붓다 생각과 크게 다르지 않을 것이다. 그 가운데 공통 기반은 전륜왕이 정의의 왕이라는 사실과 전륜왕은 반드시 보편법, 즉 담마에 종속되어야 한다는 사실이다.

경전에 따르면 왕이 정의롭지 못하게 통치하면 전륜왕의 수레바퀴가 안 보이게 된다. 이때 그것을 회복할 수 있는 유일한 길은 왕이 담마에 따라 통치하고 자신의 왕국 안에 사는 만물의 행복을 보장하는 것이다. 왕이 그 충고를 따라 행하면 수레바퀴가 다시 나타난다. 왕이란 모름지기 왕국 내 만물의 행복을 구하는 정의로운 왕이어야 한다. 그래서 전륜왕은 살생하지 말고, 주어지지 않은 것을 취하지 말고, 육욕에 빠지는 잘못을 저지르지 말고, 거짓말하지 말고, 취하게 하는 술을 마시지 말라고 명령하는 존재다. 무엇보다도 인민이 이전부터 그들이 했던 대로 소유를 누리도록 해야 한다. 정의로운 왕은 오로지 담마에 따라 통치해야 한다. 그렇게 되면 모든 것이 용서되고 화합된다는 것이다. 그래서 붓다에게는 인민의 편안함이 통치자가 추구해야 하는 제1의 요체다.

이런 맥락에서 붓다의 전륜왕을 담미꼬 담마라자$^{\text{dhammiko dhammaraja}}$(정의로운 왕)라고 부른다. 담마에 의한 담마의 왕이란 뜻이다. 여기에서 담마는 '(보편)법'이다. 따라서 일부에서는 '법왕^{法王}'이라고 번역하기도 한다. 하지만 '법왕'이라고 번역하면 가톨릭의 교황에 대한 불교계의 수장을 가리키는 이름 정도로 오해할 소지가 있다. 또 '법'이라는 것이 본래 의미를 제대로 담지 못할 것 같으므로 정의로운 왕이라고 번역하는 것이 더 나을 듯하다. 따라서 정의로운 왕인 전륜왕은 항상 온 나라를 풍요롭게 하고, 그것으로 인민을 보호하는 것을 제1의 목표로 삼는다. 이에 대해 붓다의 가르침과 크게 다르지 않은 것으로 판단되는 일화가 한 경전에 다음과 같이 나타난다.

> 아난다여, 오래전에 마하 수닷사나$^{\text{Maha Sudassana}}$라는 이름의 왕이 살았는데, 왕 중의 왕이다. 그는 정의로운 사람으로 기름 부음을 받은 항상 정의로만 나라를 다스리는 사람이다. 사방 모든 땅의 주^{主}로서 그는 정복자로서 인민을 보호하는 자이고, 일곱 가지의 재보^{財寶}를 소유한 자다.
>
> —『마하 수닷사나 수따』 3

붓다의 전륜왕 즉 정의로운 왕은 일곱 가지 보배를 지닌다고 했다.

바퀴, 코끼리, 말, 마니, 여자, 거사, 장군이 그것이다. 이 가운데 가장 중요한 의미가 있는 바퀴는 정의의 상징이면서 태양의 상징이다. 그리고 둘이 섞이면서 정복과 승리의 의미가 들어 있는 통치권이 된다. 여기에서 코끼리와 말은 군사력을 의미하고, 마니는 재물을 의미한다. 여자는 왕비 또는 대지를 의미하고, 거사는 인민을, 장군은 군지휘관을 의미한다.

바퀴 즉 짜끄라로 상징되는 전륜왕의 통치권은 누구도 빼앗아갈 수 없다. 하지만 정당한 통치를 통하지 않으면 확보할 길도 없다. 결코 부모가 상속해주는 것이 아니라는 말이다. 아버지 핏줄을 내세워 권력을 잡겠다는 발상에 단호히 반대하는 것이다.

따라서 국왕의 정통성은 인민의 가난을 해결하고 그들이 경제적으로 번영하도록 도와줘야 생기는 것이지 아버지의 후광에 따라 혈통으로 생기는 것이 아니라는 말이다. 결국 붓다의 통치 정당성은 적어도 힌두 종교보다 경영의 합리화와 효율의 극대화를 추구하는 것은 아니다. 요즈음 말대로 하면 이윤의 얼굴보다는 인간의 얼굴을 지닌 것이다. 다소 비현실적인 이상적 상像에 가까울지는 모르겠지만 적어도 그가 꿈꾸는 세상은 다 같이 함께 가는 사회임은 분명하다는 점에서 일각에서 말하는 공산주의 사회와 맥을 같이한다고 할 수 있다.

정의롭고 평등한 군주

　붓다가 그리는 전륜왕은 실제적이고 직능적인 인물이다. 그는 사회 안에서 구체적이고 실천적인 일을 하는 보편법에 따른 사회 계약 아래 놓인 기능인이다. 그가 해야 하는 책무는 사회 유지에 있고 그 책무는 정의, 평등, 자비, 비폭력 등을 포괄하는 보편법 위에 기초해야 한다. 따라서 붓다가 그리는 군주는 모든 권한을 한 손에 쥐고 있는 전제 군주가 아니라 사회 질서 유지의 권한만 갖는 행정적 군주일 뿐이다.

　게다가 질서 유지 권한은 인민에게서 위임받았고, 계약을 통해 부여받은 것이다. 따라서 인민을 억압하고 전제專制하는 자는 언제라도 인민에 의해 권좌에서 쫓겨나고 죽임을 당할 수가 있음을 내포하고 있다. 그리고 누구든지 또 다른 현명한 사람이 있으면 그를 군주로 옹립할 수 있다. 붓다는 고대 인도에서는 유일하게 포악 군주에 대해 혁명할 수 있는 여지를 열어두었다. 그렇지만 붓다는 기본적으로 혁명보다는 체제 유지를 더 중요하게 여겼다는 사실이 더 중요하다.

사회 계약으로 이루어진 왕권의 기원에 대한 가장 완벽한 설명은 『디가 니까야』에 나온다. 『디가 니까야』의 「악간냐숫딴따」에는 자연 상태와 사람들이 정치 사회를 시작하는 방법이 마치 그림을 보듯 생생하게 묘사되어 있다. 이 경전에 따르면 태초의 황금기가 타락하면서 점차 탐욕이 생기고 그 후 악과 부도덕이 자라기 시작하였다. 사람들은 불안해져서 잘못을 저지른 자를 벌했다. 그때 그 일을 단호하게 대처할 수 있는 자를 뽑도록 결정했다. 모인 사람들은 자기들 가운데 가장 멋있고 능력 있는 사람에게 그 자리를 제안했다. 제안을 받아들인 사람은 주어진 임무를 수행하였다. 그리고 그 대가로 사람들에게서 일정량의 곡식을 받았다. 경전은 그가 세 가지 임무를 가지고 있다면서 그것을 기원과 관련지어 다음과 같이 가르쳤다.

> 최초로 사람들에 의해 뽑힌 자라는 의미로 마하삼마따라고 부르고, 땅의 주^主를 의미하는 캇띠야라고 부르며, 담마로서 사람들을 평안하게 해준다는 뜻으로 '라자^{Raja}'라고 부르기도 한다.
> ―『디가 니까야』 27. 21

이 불교 신화는 전형적인 사회계약론을 보여주는 좋은 예다. 붓다의 사회계약론은 인간의 천부적 본성의 권리를 강조하는 루소^{J.J.}

Rousseau보다는 인간이 점진적으로 타락한다는 홉스^{T. Hobbes}에 가깝다. 이에 따르면 왕은 자신을 뽑아준 사람들에게서 권위를 얻고 계약을 이행하기 위하여 급료를 받게 된다. 왕과 인민 사이의 계약 관계가 분명하게 구체적으로 제시되어 있지는 않다. 하지만 왕이라는 기능이 사람들의 암묵적 계약 의지에 따라 생긴 것이라는 사실은 분명하게 보여준다.

더불어 왕이라는 존재를 세우면서 그들 사이에는 가족과 사유 재산을 존중해야 할 사회적 의무가 생겼다는 사실도 제시해준다. 따라서 왕은 세속의 계약에 따라 사회 질서를 유지하는 존재이며, 그 사회 계약이 캇띠야(산스끄리뜨로는 끄샤뜨리야)라는 하나의 집단과 그 외 다른 사회 집단 사이에서 일어났음을 알 수 있다. 이 경전에 따르면 사회 계급은 각 집단이 맡은 기능에 따라 구분지어졌으니 어떤 사람들은 가르치는 일을, 어떤 사람들은 생산하는 일을, 어떤 사람들은 사냥이나 낚시하는 일을 하였는데 그것이 곧 카스트였다는 것이다. 이러한 생각은 혈통에 따라 계급이 발생했다는 브라만 힌두의 사고와는 다른 것이다. 불교는 힌두교보다 카스트가 경제와 관련된 직능 차원에서 발생한 것이라 보았기 때문에 뒤르켐^{E. Durtheim}이 말하는 사회 균형 이론과 가깝다.

이러한 사회계약론은 초기 불교 경전에 나오는 우화를 통해 붓다가 활약하던 당시 또는 그 직후에 상당히 널리 퍼져 있음을 알 수 있다. 한 자따까^{Jataka, 本生談}에는 꿩과 원숭이와 코끼리가 보리수나무 밑에서 서로 깔보면서 티격태격하는 이야기가 있다. 그들은 자기들의

삶에 어떤 질서가 있어야 함을 느꼈다. 그래서 왕을 뽑기로 하였다. 꿩이 가장 나이가 많았기 때문에 그들은 꿩을 존경하고 그에게 신하의 예를 표하며 자신들을 다스리도록 합의하였다. 왕이 사회 구성원들의 계약으로 뽑혔다는 분명한 이야기다. 또 다른 자따까에도 왕을 경선으로 선출한다는 사실과 함께 투표 절차에 대해서 언급했다.

하지만 붓다가 왕을 계약에 따라 민주적으로 선출해야 한다고 생각한 것은 실제 사회에서는 전혀 현실화되지 못했다. 그것은 고대 인도에서 법이 공동의 합의나 대중 참여의 결과로 만들어지지 않고, 왕이 통치하면서 전문 학자의 도움을 받아 자신의 뜻을 법으로 만들었기 때문이다. 이는 비단 인도에서만 그런 것이 아니어서 세계 다른 곳에서도 마찬가지였다. 이러한 합의의 법은 영국에서 일어난 근대 시민혁명에서 처음 만들어졌다. 따라서 고대 사회에서는 효력 있는 사회 계약이 존속하기 위해서는 왕의 권력이 약화되어야 했다. 하지만 그런 현상은 전혀 나타날 수가 없었다.

이론적으로만 본다면 인민은 항상 군주를 갈아치울 능력을 갖추고 있었다. 하지만 실제로 그렇게 할 권리를 갖지는 못했다. 그것은 모든 이론과 실제 권력을 겸비한 왕이라는 존재가 스스로 자기 권력을 약화시키려 들지 않았기 때문이다. 극대화된 권력으로 왕이 탐욕스러운 전제 통치를 하면, 어렵겠지만 인민이 모반을 해서 왕을 쫓아낼 수는 있었다. 그렇지만 그렇게 해서 새로이 등장한 왕 또한 자기 권력을 내놓지 않았다. 그래서 그런 고대 사회에서 민주 정치가 일어난 예는 없었다.

붓다의 전륜왕 개념은 정의로운 왕이면서 평등에 입각한 세계 군주관이다. 그런데 그것을 현대적 개념으로 이해해서는 안 된다. 그 가운데 가장 오해하거나 예민하게 받아들일 수 있는 부분이 성^性의 평등에 관한 것이다. 고대 인도는 다른 지역에서와 마찬가지로 여성을 통치자로 삼는 것을 바람직하지 못하다고 여겼다. 그래서 붓다에게 전륜왕은 항상 남성이었을 뿐 여성은 안중에 없었다. 이러한 여성 통치자에 대한 관점은 일반적으로 모든 고대 인도의 정치 사상가들이 공통으로 갖는 것으로 특별히 놀랄 일은 아니다.

고대 사회에 대한 역사적 평가는 당시 상황과 맥락에 따라 해야 한다는 것이 역사학의 기본 자세다. 따라서 붓다에 대한 것도 마찬가지다. 붓다의 이상 군주 개념에 대해 현대적 의미의 평등관, 특히 카스트나 여성에 대한 개념을 잣대로 평가하는 것은 온당치 못하다.

함께 가는 세상

붓다의 정치관 또한 다른 것과 마찬가지로 힌두 종교 전통과 뿌리를 같이한다. 힌두 전통에서 이상 군주는 뭐니 뭐니 해도 사회 질서를 잘 유지하는 존재다. 인민이 카스트 질서를 잘 지키도록 교육하고 일깨우고 징벌해야 한다. 특히 징벌을 엄중하게 집행해야 하는 것이 왕에게 주어진 중요한 의무다. 그래서 힌두교에서는 왕의 통치는 다름 아닌 징벌술이라고 할 정도다. 그들은 아무런 보호와 안전을 위한 장치가 보장되지 않는 '맛시야니아야*matsyanyaya*'(문자대로의 의미는 물고기 법)라고 부르는 약육강식의 상태를 가장 두려워했다.

힌두 신화에 따르면 맛시야니아야가 발생했을 때 창조주는 세상을 보호하기 위해 왕을 세웠고 그 왕이 사악한 자를 징벌할 수 있게 하려고 몽둥이를 같이 세웠다는 것이다. 왕에게 강력한 몽둥이, 즉 징벌이

확보되지 않으면 물고기들이 서로 물어뜯어 먹는 판이 벌어진다. 그래서 왕은 브라만 사상가들에게 네 개의 카스트에 주어진 신분의 의무를 잘 지키도록 일벌백계해야 하고 이를 통해 통치권이 사해만방에 퍼져야 한다. 그것이 힌두의 이상 군주인 전륜왕이다.

  붓다 또한 전륜왕을 이상 군주로 보았다. 하지만 그의 전륜왕은 브라만이 생각한 그것과는 달랐다. 브라만과는 달리 붓다는 사회 질서를 세우기 위한 조건으로 도덕과 윤리를 가장 우선시했다. 그가 중요시한 사회 질서 유지는 세상에 도덕과 윤리를 세우기 위한 전제 조건이다. 그 윤리와 도덕이라는 조건 위에서 왕이 해야 할 가장 중요한 것은 인민이 필요로 하는 기본을 채워줘야 하는 것이다. 그래서 붓다는 범죄가 윤리나 도덕 인식이 부족해서가 아니라 경제적인 이유로 발생한다고 보았다. 매우 합리적이고 실질적인 발상이다. 그는 절도나 폭력, 살인 등은 물론이고 간통 같은 범죄조차도 원천은 가난에 있는 것으로 보았다. 붓다는 이를 『디가 니까야』의 「짝까왓띠 시하나다 숫딴따」를 통해 다음과 같이 분명하게 가르쳤다.

> 필요한 곳에 물건이 가닿지 않으므로 가난이 널리 퍼지는 것이다. 가난이 널리 퍼시게 되므로 도둑질이 늘어나는 것이다. 도둑질이 널리 퍼지게 되므로 폭력이 만연하게 되는 것이다. 폭력이 널리 퍼지게 되므로 살인이 일상화되는 것이다. 살인이 자주 일어나므로 사람들의 수명이 줄어들고, 아름다움 또한 망가지는 것이다.
>
> ―『디가 니까야』 26. 14

모든 악의 근원이 가난에 있기 때문에 가난한 사람에게 생존에 필요한 것들을 공급하는 것이야말로 범죄를 없애는 길이라고 생각하였다. 빈곤을 몰아내는 것이야말로 이상적 군주가 해야 할 최우선적인 도덕이자 의무다. 이러한 맥락에서 붓다는 정의로운 왕은 인민이 경제적으로 번영할 수 있도록 해야 한다고 했다.

소와 밭을 가지고 있는 자에게는 사료와 종자를 주고 교역하는 사람에게는 자본을 주고 왕을 모시는 자에게는 음식을 제공해야 한다고 했다. 아내가 필요한 사람에게는 아내를 주고 가난한 이에게는 돈을 주고 목마른 이에게는 물을 주고 배고픈 자에게는 음식을 지속해서 제공해주는 왕이 전륜왕이다. 각자가 아무 탈 없이 생업에 종사하게 도와주는 것이야말로 정부가 해야 하는 우선적인 의무라는 개념이다. 그는 범죄자를 처벌하는 것을 필요한 조치로 인식하긴 했지만 그것으로는 사회 질서를 안정시킬 수 없다고 보았다.

앞에서 여러 차례 말했듯이 브라만이 행하는 희생제를 해서는 안 된다는 데는 바로 소를 바쳐서 스스로 가난해지는 우둔한 짓을 하지 말라는 의미가 담겨 있다. 그것이 붓다가 갖는 불살생 관념의 뿌리다. 따라서 그 뿌리는 생각하지 않고 생명 존중만 생각하는 것은 붓다에 대한 오독이다.

불살생 개념은 모기를 잡아야 하느냐 말아야 하느냐, 육식해야 하느냐 채식해야 하느냐의 문제가 아니다. 생선을 허용하느냐 우유를 허용하지 않아야 하느냐 따위는 붓다의 불살생 의미와 아무 관계 없는 단순한 관념론일 뿐이다. 그것은 붓다가 생각하고 고민하는 인민의 정당한 삶과는 아무런 관계없는 계율과 형식의 일부일 뿐이다. 그것은 인민이 농경 정착기에 가장 중요한 생산 도구인 소를 보호하고 축적하여 어떻게든 브라만에게 당하지 말고 잘살아야 한다는 경제 중심의 애민관에서 비롯된 것이다. 붓다는 이 대목에서 마르크스와 닮았다. 둘의 뿌리는 경제에 있다. 그렇다고 붓다가 경제 환원론자라는 의미는 결코 아니다.

붓다가 카스트 제도 자체를 반대하지 않았던 이유 또한 그 제도를 차별과 억압 없이 잘 운영하면 각자 생업이 잘 조화되고 그 속에서 사회가 원활하게 유지되도록 잘 도울 수 있다는 생각에서였다. 그래서 그는 균형을 이루는 사회가 좋은 사회가 될 것이라고 믿었다. 붓다는 어떤 특정 카스트가 더 고결하고 높은지는 혈통에 따라 정해지거나 음식의 오염 여부로 결정되는 것이 아니라고 했다. 그것은 그가 어떤 생각을 하고 어떤 행동을 하느냐에 따라 결정된다고 하였다. 힌두 종교의 본질주의에 반대되는 개념이다. 이러한 반反본질주의는 전륜왕 개념에 그대로 들어가 있다.

붓다 시대 북부 인도의 여러 국가에 나타난 권력은 사회를 조화롭게 세우는 데 사용되는 것이 아니라 점차 목적 자체가 되었다. 낡은 제도는 붕괴되었지만 새로운 것이 그것을 대체하지 못한 상태였다는 말이다. 이런 상태에서는 강력한 정부가 등장하지 못하는 무정부 상태나 인민을 압제하는 전제 정치가 이어질 가능성이 더 크다. 따라서 붓다는 인민을 보호해야 한다는 절대적 과제 속에 약육강식의 무정부 상태나 전제 정치를 극복하고, 사회 질서를 유지하기 위해 정의로운 왕이라는 조건에서 강력한 군주제를 지지한 것이다.

하지만 사회 밖에 세워진 상가 공동체에서는 그 정신이 강하게 유지되었다. 붓다는 자신에게 주어진 모든 권력을 내놓았다. 그는 상가에서는 특정한 사람이 수장이 되지 않도록 했다. 지도자의 뜻이 아닌 여럿이 규정한 합의의 계율만이 지침이 되었다. 붓다는 상가를 철저하게 자치하는 모임으로 만들고자 했으니 그 안에 명령과 책임이 없는 철저한 자율 공동체였다. 그 공동체 안에서 구성원 각자는 동등한 권리를 갖고 있었고 같은 책임을 졌다. 그래서 일은 모두 함께 결정했고, 절차는 모두에 의해 공인되었다.

상가가 대중화에 성공하고 규모가 커지면서 조직 운영은 변할 수밖에 없었다. 붓다 정신은 물질에 오염되고, 상가 안에 권력 관계가 싹트면서 상가 질서는 자율과 평등이 아닌 위계와 불평등의 타율적 집단으로 변했다. 결국 대중화된 불교 안에서 민주주의 원리는 이루어질 수 없는 꿈과 같이 되어버렸다.

효율과 이윤의 극대화를 추구하는 자본주의가 옳은지, 비효율적이어서 빈곤에서 헤어나기 어렵겠지만 다 같이 더불어 사는 공산주의가 옳은지는 판단을 내릴 수 없다. 옳고 그름의 문제가 아닌 선택의 문제이기 때문이다. 하지만 적어도 한 가지에 대해서 곱씹어 볼 필요는 있다. 지금 우리가 사는 세상에서 제도가 추구하는 효율성이라는 게 얼마나 인간의 삶을 파괴하고 질식시키는가!

우리가 금과옥조로 삼고 있는 근대 경제학의 이론에 따르면 생태계가 파괴되고 그 위에 공장이 들어서 생산량이 증가하는 것도 성장

이다. 환자가 생겨 의료비 지출이 느는 것도 성장이다. 강도·절도 사건이 자주 발생해 방범 방호 산업이 늘어나는 것 또한 성장이다. 소수 재벌이나 강남의 땅 부자들의 자본이 커져 전체 평균 소득이 상승하는 국내총생산이라는 개념은 무엇인가? 결국 다수를 제물로 삼아 만드는 비인간적이고 비윤리적인 일일 뿐이다. 그런데도 신화의 이면을 깨닫지 못하는 것은 아닐까.

자본주의를 부정하든 부정하지 않든 관계없이 지금 우리를 감싸고 있는 근대 경제의 효율성과 민주주의의 한계를 곱씹어볼 때다. 그것이 역사 속에서 무시당하고 사라져버린 붓다의 중도주의의 모순 속에 선 '함께 가는 세상' 정신을 되새김해보는 이유다.

광란의
슬픈
역사

붓다는 작은 공화국에서 태어나 자랐다. 그리고 비록 규모는 작고 선출직이었지만 왕을 아버지로 두었다. 그래서 그는 권력을 가까이에서 볼 수 있었다. 그가 본 왕은 함부로 권력을 행사하는 자가 아니었다. 따라서 그는 그가 자란 곳에서는 무소불위의 전제 권력을 행사하는 모습을 본 적이 없었다.

부족 공동체를 중심으로 운영되는 공화제가 그가 본 권력의 모든 것이었다. 그런데 막상 갠지스 강 중·상류 유역으로 와보니 상황은 전혀 달랐다. 당시는 1,000년 동안 이어지던 유목 이동 생활이 끝나고 철기 농기구와 무기를 바탕으로 농경 정착 생활이 광범위하게 이루어지면서 북부 인도 전역에 열여섯 개나 되는 영역 국가가 서로 패권을 다투던 때였다.

처음에는 공화국들이 연맹을 맺어 세를 확장한 나라가 힘을 좀 얻는 듯했으나 이내 강력한 군주가 통치하는 나라가 최종 패권을 잡았다. 그 군주국의 왕에게는 견제 장치가 없었다. 가장 강한 권력을 갖고 있던 꼬살라 왕국의 쁘라세나지뜨 왕이 자신을 '권력에 취한 자'라고 정의 내릴 정도였다. 왕의 자의적 권력 행사에 나라의 힘은 막강해졌으나 인민의 사적 소유권이나 인간의 존엄성 등은 철저히 유린당했다.

붓다는 당시 꼬살라, 마가다를 중심으로 하는 갠지스 중·상류 유역에서는 강한 한 사람에게 모든 권력이 집중된 군주국의 통치 구조에 원칙적으로 동의하지 않았다. 그는 한 사람에게 권력이 집중되는 군주제보다 여럿이서 권력을 나눠가지는 공화제 정치 형태를 선호하였다. 그는 기본적으로 왕이 해야 할 직능을 긍정적으로 평가했다. 그래서 왕이 사회 질서를 유지하여 인민을 편안하게 보호한다는 직책 자체에 대해서는 지지했다.

그러나 왕도 브라만과 같이 손안에 모든 권력을 쥐게 되면 반드시 타락한다는 것을 직시했다. 그렇게 되면 무엇보다도 인민의 고통이 커질 수밖에 없으니 그것을 염려했던 것이다. 하지만 그렇다고 해서 붓다가 군주국의 통치 체제를 반대한 것은 아니다. 그가 가장 두려워한 것은 무정부 상태였다. 그 이유는 힘이 없는 인민이 가장 피해를 자주 보기 때문이다. 그래서 결국 붓다는 '정의로운'이라는 전제 조건을 달고서 강력한 왕권을 지지하였다. 의심의 여지가 없는 역사적 사실이다.

그렇다고 해서 그가 왕과 인민 사이에서 인민을 대변한 것은 아니었다. 더군다나 소외된 사람들을 위해 정치적 혁명을 부르짖은 것은 더욱 아니었다. 사회의 급격한 개혁을 추구한 것도 아니었다. 이러한 사실은 붓다가 사회에서 빚을 지거나 죄를 저지르고 도망가 상가로 도피한 사람들에게는 입문을 허용하지 말아 달라는 마가다국의 왕 빔비사라의 청을 들어준 데서 알 수 있다. 궁극적으로 붓다는 왕이 현명하게 정치를 잘하고 그것을 기반으로 사회에서 강자와 약자가 같이 잘살 수 있기를 바라는 차원에서 왕을 지지하는 편이었다.

그는 권력의 독점과 남용을 반대하긴 했으나 첫째도, 둘째도 사회 질서의 현명한 유지 차원에서 일뿐이었다. 새로운 권력 구조 창출은 생각하지 않았다. 현존 사회 질서 유지가 그의 정치관의 알파이고 오메가였다.

붓다 정치관의 핵심은 국가와 왕의 거대 권력을 반대하는 것이 아니라 남용을 경계하는 것이었다. 정의로운 왕 전륜왕 개념은 바로 그 대안으로 제시한 것이다. 강력한 군주 권력과 권력의 자의적 사용과 남용이 없는 상태 그리고 그 위에서 정의와 평등으로 온 세상에 강한 권력을 행사하는 군주가 붓다가 그리는 이상적 군주였다. 결국 1,000년의 옛 시대가 가면서 낡은 것은 뿌리 뽑혔으나 새로운 것이 나오지 않는 변혁기에 붓다가 그린 대안은 강력한 왕이었다. 정의로운 왕이라는 단서가 달리긴 하였지만 결국 새 시대를 여는 새로운 권력 구조는 되지 못하였다.

붓다가 그린 이상 군주 전륜왕 개념은 세상의 법을 따르지 않고

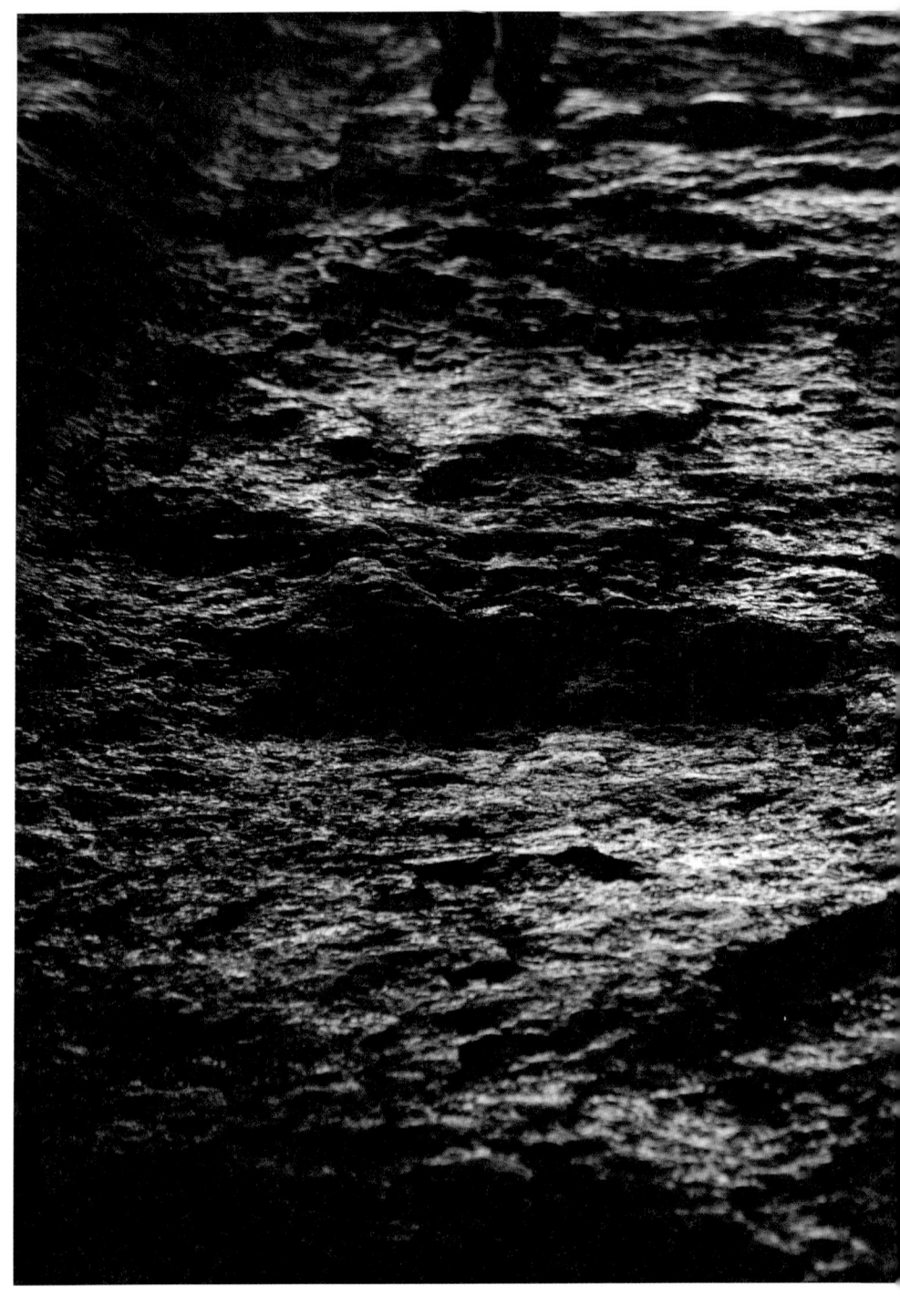

정의로써 세상을 지배하는 자다. 그의 모습이 붓다와 닮았다. 그래서 붓다 사후 제자들에게 전륜왕은 세속의 세계 군주고 붓다는 정신의 세계 군주라고 인식되었다. 따라서 붓다는 '세계를 포기함으로써 세계를 정복한 자'로 인식되었다. 이 개념은 불교를 받아들인 나라에서 정치권력을 정당화하는 근거로 작동하였으니 인도의 아쇼까, 스리랑카의 둣따가마니^{Duttagamani}, 신라의 진흥왕 등 불교를 따르는 세계의 많은 왕이 자신을 전륜왕으로 인식시킴으로써 통치를 정당화하였다.

그들은 전쟁을 통해 수없이 많은 생명을 죽이거나 붓다의 가르침과 관계없는 통치를 하였으나 여러 신화를 동원해 자신을 붓다와 관련짓거나 불교 사원을 후원하는 등의 방법으로 인민에게 자신을 전륜왕으로 각인시키려 노력했다. 이 대목에서 그들이 과연 인민과 만물의 행복을 추구하는 왕이었는지, 붓다의 가르침을 잘 따른 정의로운 왕이었는지는 중요치 않다. 오로지 중요한 것은 그들이 자신을 전륜왕으로 인식시켜 권력을 정당화하려 붓다를 이용했다는 사실뿐이다.

세상을 부인하고 떠난 사람이 어떻게 세상 안에 있는 사람들에게 권위로 작동할 수 있을까? 전형적인 모순이다. 기세 문화가 있는 인도에서 발생한 특유의 현상으로 학계에서는 이를 '기세의 모순^{paradox of renunciation}'이라고 한다. 왕들은 붓다 제자의 이름으로 '세상을 떠난' 불교를 물질적으로 후원했고 '세상을 떠난' 승려들은 '세상 안의' 정치에 거침없이 관여하였다. 정치에 조언하게 된 승려는 다른 어느 집단의 사람보다 더 큰 권위를 갖게 되었다.

원광법사나 사명대사 같은 승려가 전쟁을 독려하는 모습마저도 한국 역사에서는 흔히 볼 수 있다. 이러한 일은 스리랑카에서도 마찬가지고, 미얀마에서도 마찬가지며, 타이, 캄보디아, 베트남 등 불교가 융성한 나라에서는 다 마찬가지다. 그들은 한통속이 되어 전쟁을 부추기고 독려하고 미화하였다. 유혈 혁명도 일으켰고 독재 권력도 함께 만들었다. 그때마다 항상 붓다는 그들의 권력과 물질에 대한 탐욕을 채워주는 신으로 자리 잡았다.

정치를 욕하고 은퇴하는 순간 정치 지도자로 급부상한다거나 군인으로 또는 사업가로 또는 학자로 살면서 정치를 전혀 하지 않은 인물이 순식간에 대권 주자로 등극하는 한국 사회의 현상도 이러한 모순 문화의 한 단면이다. 정치하는 사람들이 마음을 비워야 한다거나 모든 것을 내려놓겠다거나 하는 식의 수사학도 마찬가지 문법으로 해석해야 한다. 언어에 속으면 속을수록 삶은 고단해진다. 세상을 떠난 사람들이 좋은 정치를 하는 게 아니라 세상 진흙밭에 발을 담근 사람들이 좋은 정치를 하는 것이다.

역사든 종교든 자신이 유리한 대로 선택적으로 이해하는 것이 왜곡의 시작이다. 붓다는 사회 체제의 유지를 우선으로 생각하였다. 하지만 그 기초는 어디까지나 인민의 편안한 삶에 있었다. 다만 그게 지켜지지 않으면 사악한 왕은 인민이 갈아치울 수 있다는 생각마저 하였다. 그래서 그에게 정의로운 왕이란 역사적 소명 의식을 갖는 실존적 인물이다.

기원전 6세기 세계의 주요 종교와 철학이 탄생한 경이로운 시기인 이른바 '축의 시대'에 이렇게 진보적으로 인민 중심의 삶을 역설한 이는 없었다. 그런데 초기 불교 경전에 나타난 왕은 붓다의 단순하면서 실제적인 정의로운 왕이었다. 그러나 기원 전후 시기의 대승 불교로 가면서 왕은 신성시된다. 대중화와 성공이라는 열매에 취해 힌두교의 영향 속에서 왕이 신성을 지닌 존재가 된 것이다. 대승 불교에서 이제 왕은 전생에 신들과 더불어 살았고 그 신들이 각각 왕의 실체를 만드는 데 이바지한 존재가 된다. 그래서 후기 불교도는 왕을 신이자 신의 아들로 여기면서 그들을 찬양하고 신격화하였다. 불교가 왕권을 강력하게 만들어주는 역할을 하고 왕권은 불교 교단에 물질 기부를 후하게 해줬기 때문이다.

바야흐로 실재의 역사가 영원회귀의 신화 속으로 들어가버렸다. 그 안에서 사람들은 오지 않는 붓다만 바라볼 뿐 실존의 역사를 만들려는 희망을 꺾어버린다. 그게 이상주의 신화의 세계다. 그 신화 속 세상에서 사람들은 이야기에 취하고 노래에 취하고 연극에 취한다. 꿈과 현실이 뒤섞이거나 뒤바뀐 장자의 '호접지몽'의 세계다. 거기에 역사란 존재할 수 없다. 이 세상은 다음 세상으로 가기 위한 정거장쯤으로 여겨진다. 환란을 믿음으로 참고 견디면서 승화시키는 아름다운 믿음 속에서 그들은 카타르시스를 느낀다. 그리고 그들은 붓다를 향해 기도하고, 꿈속에서 다시 신이 된 붓다를 만난다. 그사이 그들의 환란이 가진 자의 광란이 되는 슬픈 역사가 펼쳐질 뿐이다.

에필로그

붓다가 꿈꾸는
희망의 나라

　붓다가 설정한 최고의 궁극은 열반이다. 열반은 다름 아닌 인과응보, 즉 윤회의 사슬을 끊고 궁극적 자유를 찾는 해탈이다. 행위는 원인이 되고 그 원인은 마땅히 과실로 보상을 주는 법칙이 사슬과 같이 이어지는데 그것이 윤회다. 따라서 누구든 행위하는 한 윤회에서 벗어날 수 없다. 윤회에서 벗어나고자 한다면 행위의 원인을 제거해야 한다.

본질을 부인하다

　붓다는 행위를 사회 내에서 이루어지는 여러 관계로 보았고, 사회 내에서 관계 행위의 원인을 생산으로 보았다. 따라서 붓다가 설정한 최고 목표인 해탈을 하기 위해서는 생산이라는 행위의 인因을 제거해야 한다. 그래서 붓다에게 모든 문제의 핵심은 생산 문제였다.

생산 즉 먹고사는 문제를 무시하고 그 위에서 인간관계를 해체한 다는 것은 세상에 아무런 의미를 두지 않는 세계관이다. 그런데 이러한 세상 포기의 세계관은 당시 힌두교 주변에 있던 많은 유행 사상가도 공유하던 것이었다. 그들이 마치 예수가 유일신 전통 안에서 구원이라는 유대교 전승을 공유한 유대인이면서도 구원이라는 것이 유대 민족 밖에서도 가능하다는 새로운 해석을 한 것과 같은 이치다.

힌두교 주변부의 많은 유행 사상가는 윤회라는 힌두교 전통 안에서 제사라는 의례와 행위 밖에도 궁극의 길이 존재한다는 새로운 해석을 하였다. 그래서 그들은 제사의 전통을 긍정하면서도 다만 우주의 본질로서 제사가 아닌 본질의 궁극을 깨닫기 위해 일정 기간 사회에서 철수해야 한다고 주장하였다. 그리고 그러한 일탈에 대해 힌두교 본류는 하나의 새로운 변화로 큰 갈등 없이 받아들였다.

그리하여 힌두교는 한쪽으로는 여전히 의례와 행위, 즉 제사를 하게 하고 또 다른 쪽에서는 본질의 깨달음을 추구하게 했다. 상호 모순되는 이 두 세계관은 힌두 종교 안에서 공존할 수 있었다. 바로 이 융합의 힘과 공존의 구조가 힌두 종교 세계관의 알파이자 오메가다. 그런데 이질적인 것을 하나의 구조 안에서 받아들이고 공존하게 하는 것을 꼭 관용으로 해석할 수만은 없다.

서로 다름을 인정하여 받아들인다는 것은 반드시 소수가 그 구조 안에서 정당한 위치를 차지할 수 있도록 할 때에만 관용과 융합이 되는 것이다. 그렇지 않고 한구석 자리만 내줄 뿐 여전히 그 안에서 영원히 소수이자 소외자로 존재하게 하는 구조는 관용도 아니고 공존도 아니다. 그것은 오로지 혁신의 길을 무디게 만들 뿐이다. 사회를 안정적으로 유지하면서 근본적 변화를 이룰 수는 없다. 이것이 힌두 종교 세계 전통의 무서운 힘이다.

그런데 붓다는 힌두교 안의 유행자와 달랐다. 붓다는 힌두교에서 모든 것의 뿌리가 되는 영원한 본질을 부인하였다. 굳이 예수와 비견해서 말하면 예수가 했던 것과 같이 구원의 범주를 넓히는 것이 아니라 구원 자체를 부인해버린 것이다.

너무나 인간적인 인간 붓다

이것은 우빠니샤드를 비롯한 일부 힌두교 사회 안에서 주장하는 깨달음 추구와는 전적으로 다른 것이다. 그렇다고 붓다가 불교라는 교단 공동체를 건설하여 그 안에서 종교적 깨달음을 추구하는 것도 아니었다. 그가 추구한 것은 근본적인 이성과 자아를 통한 기존 세계의 본질에 대한 부정이었다. 지금까지의 삶의 태도와 방식을 완전히 버리라고 촉구하는 것이었다. 그 첫 단계가 세상을 버리고 나오는 것이었다. 예수가 세상을 버리라고 한 것은 선택이었지만 붓다가 세상을 버리라고 한 것은 전제 조건이었다.

그런데 붓다는 그 전제를 뒷받침할 만한 구조를 구축하지 못했다. 출가 승려가 전적으로 열반만 추구할 수 있도록 하는 독자적 물질 체계를 갖추지 못한 것이다. 그것은 그가 세상을 바꿀 힘을 정신에서만 찾았기 때문이다. 그는 출가 승려들이 독자적 경제 구조를 갖추지 않고 재가 사회에 의존하더라도 궁극을 추구하면서 재가 사회의 방편에 의존하는 이중 구조 속의 삶이 가능하다고 보았다.

하지만 재가 사회에 대한 물질적 의존은 결국 출가 승려가 더는 궁극을 추구하면서 살 수 없게 만들었다. 그들이 정신을 추구한다지만 그 집단 자체가 물질계에 속해 있기 때문에 세상 물질 구조로부터 독립할 수 없게 된 것이다.

역사에서 개인은 어떨지 모르겠지만 적어도 집단의 정신은 물질에 종속될 수밖에 없다. 그것이 경제 관계든 정치 관계든 문화 관계든 상관없이 이데올로기는 물질 구조로부터 독립할 수 없다. 붓다에게 그 물질 구조는 힌두 종교의 관용과 타협의 세계관 위에 서 있다. 관용과 타협의 전통에 대한 보수 세력의 위력에 새로운 독자 구조를 세우지 못한 붓다는 무기력하게 쓰러졌다. 나는 세상을 바꾸기에 그의 뜻이 너무나 인간적이었기 때문이라고 믿는다. 그래서 붓다는 제자들에 의해 죽었고 그 모습을 난 슬픈 붓다로 보는 것이다.

붓다는 신의 존재를 믿었지만 인간과 이성에 판단 기준을 둔 무신론자다. 그는 신에게 바치는 제사를 최고 가치로 여기고 그 행위의 결과로 좋은 세상에 윤회하는 것을 궁극으로 삼는 힌두교의 세계관을 완전히 부인하였다. 세상의 부조리, 불합리, 권력의 독점, 가난한 자들의 착취 등이 모두 사제 브라만이 지켜온 신과 그것에 대한 숭배 의례에서 나온 것이라 여겨 철저하게 반대하였다. 이보다 더 확고한 무신론자는 없다.

반면 신을 섬기면서도 가난하고 배우지 못한 이웃을 알량한 세 치 혀로 꾀어 그들이 생산한 물질로 자기들의 배만 채운 브라만 사제들은 신의 존재를 전혀 두려워하지 않는 영락없는 무신론자다. 그들의 말대로 징벌의 신이 존재한다고 믿는다면 어찌 그런 탐욕의 이데올로기를 만들고 그 안에서 선량한 자들을 착취할 수 있겠는가? 마찬가지 일이 붓다 사후 2,500년이 지난 지금에도 한 치의 변함없이 일어난다.

이 땅에서는 돈을 추구하는 자가 서울을 하나님께 봉헌하겠다고 했다. 그리고 많은 사람이 그의 세 치 혀를 통해 그가 하나님을 믿는 참 기독교인이라고 믿으면서 아멘을 외쳤다. 하지만 그 안에는 하나님이 살아 있지 않다. 그는 단지 하나님께 봉헌하겠다는 말에 기뻐하는 사람들의 어리석음을 이용하려 했고 그 어리석은 자들은 똑같은 논리로 그를 이용하려 들었을 뿐이다. 똑같은 무신론자다.

난 이명박 정부 초기에 불교 교단이 통치 행태를 강력히 비판한 것을 붓다의 뜻에 따라 정부와 갈등을 일으키면서까지 인민을 대변하고자 하는 뜻으로 보지 않았다. 다른 종교 공동체와의 대립각에 서서 자신들의 공동체 이익을 얻거나 지키기 위해 비판의 칼을 세웠다고 보았을 뿐이다. 그것이 무슨 종교든 그것을 통해 권력을 잡고자 하는 사람은 항상 붓다를 앞세우고 예수를 들먹인다.

그렇기에는 한국 사회에서 민족주의자라고 하는 이른바 진보 진영도 예외는 아니다. 그들의 세 치 혀에는 민족과 동지 그리고 진보가 들어 있다. 하지만 그 가식적이고 허탄함을 보면 그 안에 민족과 동지 그리고 진보는 존재하지 않는다. 그들이 하는 행동에는 민족에 대한 배신과 정파 체제의 유지와 권력의 획득만이 있을 뿐이다. 그 안에는 민주주의는 물론이고 건강한 시민 정신조차 없다. 극단으로 가기로 치면 그들이 비판하는 보수 진영의 대통령이나 그가 속한 정당보다 훨씬 심한 정신분열 수준이다.

세상은 낡고 추하다

'붓다를 만나면 붓다를 죽이고 조사를 만나면 조사를 죽이라'는 말이 있다. 이는 권위에 대해 무조건 복종하고 나아가 숭배하려는 것을 하지 말라는 뜻이다. 그런데 붓다의 제자들은 죽이라는 붓다의 권위와 그에 대한 숭배 욕구는 죽이지 않고 붓다의 뜻을 죽였다. 반면 그 권위를 살려 그 안에 스스로 포로가 되었다. 이제 인간 붓다는 신이 되면서 죽었다. 그리고 그의 가르침은 신화가 되어 소멸하였다.

붓다는 비록 모순될지언정 사회에 남은 중생을 배려하는 길을 갔다. 그런데 그러한 그의 중도를 제자들이 따라가지 않았다. 그들 마음 각각에 자기만의 중도가 따로 하나씩 있을 뿐이다. 세상을 버린 사람은 세상을 버린 붓다를, 세상에 물든 사람은 세상을 버리지 못한 붓다를 자신들이 들고 있는 이념의 교조로 삼을 뿐이다. 어떤 이는 붓다를 남성주의자로, 어떤 이는 붓다를 여성주의자로, 어떤 이는 붓다를 카스트를 반대한 사람으로, 어떤 이는 붓다를 카스트를 인정한 사람으로 간주했다. 그야말로 달을 가리키는데 손가락만 쳐다보는 격이다. 모두가 다 붓다를 내세우지만 그 안에 붓다는 없다.

달동네에 가보면 그곳이 가난한 지역일수록 절이 더 많은 것을 본다. 가난한 사람들은 붓다의 제자들이 바꿔놓은 방편인 신 숭배와 물질 기부를 통한 극락왕생의 덫에서 한 발짝도 빠져나오지 못한다. 그들은 지금 사는 세상을 바꿀 생각도 힘도 의지도 없다. 다만 다음 세상에 그런 세상을 누려보고 싶을 뿐이다. 붓다가 세상을 향해 가진 자비심의 근원은 못사는 사람들이 전세금까지 빼내서 절에, 교회에 바쳐 더욱더 가난한 구렁텅이로 빠져들어가는 데 대한 안타까움이었다. 그런데 붓다의 제자들에게는 바로 그 자비심이 없다.

붓다가 제사를 지내지 말라고 한 것은 그나마 사는 데 필요한 최소한의 물질적 기반을 '다음 세상'이라는 어리석은 속임수에 빠져 소진하지 말라는 것이었다. 사람들이 그나마 소라도 가지고 있어야 했는데 그렇지 못하고 제사장에게 바친 것을 안타까워한 것이었다. 그런데 사람들은 그런 합리적 생각을 지키지 못한다. 모두 다 어리석은 욕심 때문이다. 세상은 붓다의 아름다운 생각을 지키기에는 너무 낡고 추하다.

붓다가 금욕을 추구하면서 사회 밖에 사회를 건설한 것은 기득권 중심의 물질 지배 사회의 팽창에 대한 반발에서 비롯되었다. 그리고 나아가 새롭게 등장한 군주제 국가의 사회 형태인 개인만을 위한 삶에 저항하였다. 그의 저항은 인민의 언어를 사용하면서 시작되었다. 당시 브라만만이 쓸 수 있는 '성聖스러운' 언어인 산스끄리뜨어를 과감히 버리고 속俗된 언어인 빨리어를 가르침의 언어로 썼다. 기득권에 대한 가공할 수준의 저항이다.

그는 빨리어로 설파했을 뿐만 아니라 인민에게 쉽게 다가가는 즉 문즉설의 대화를 통한 논증으로 이야기를 풀어나갔다. 진실로 인민을 위한 따뜻한 진보주의자의 태도다. 그런데 그의 제자들은 그를 버렸다. 대승 불교가 생기면서 빨리어도 사라지고 대화 방식의 논증도 사라졌다. 그 대신 그 자리를 고결한 산스끄리뜨와 현란한 철학이 자리 잡았다. 그러면서 붓다는 죽었다.

붓다의 꿈은 유효한가

붓다가 살던 시대를 지금 한국 사회가 안고 있는 20 대 80의 사회, 돈 있는 자는 군림하고 돈 없는 자는 자살하는 사회, 일방적 권력과 권위만 판치는 사회, 강자에게는 비굴하고 약자에게는 잔인한 천박한 자본주의 사회가 갈수록 기승을 부리는 사회에서 본다. 이런 형국을 붓다는 당시 갠지스 문명에서 보았다. 그는 오지 않는 거짓 내세를 위해 권력에 모든 것을 바치는 가난한 인민의 비합리적 신앙, 그 때문에 권력도 커지고 소외도 커지는 인간들의 관계, 생산력 향상 속에서 모든 것이 돈으로 귀결되는 경제 사회, 경쟁과 개인 중심으로 변질한 문화에 목청을 높였다. 그는 그러한 비인간적 사회를 단호히 거부하라 말했다.

붓다는 이런 모든 문제의 뿌리는 당시 힌두교의 핵심이던 영혼의 절대성에 있다고 보았다. 붓다는 영혼이라는 절대불변의 본질이 존재한다는 이론은 결국 브라만이 모든 권리를 독점하는 체제를 뒷받침해준다는 것을 깨달았다. 하지만 어리석은 중생은 그러한 현실을 깨닫지 못하였다. 그 현실을 붓다가 고뇌한 것이다. 따라서 그는 윤회, 업, 카스트 등의 존재는 인정하였으나 기존의 브라만적 해석에는 절대 반대하였다. 그리고 그것을 현실의 기반 위에서 합리적으로 새롭게 해석하였다.

그러나 기존의 세계관을 완전히 부인하고, 그로부터 결별하여 전적으로 새로운 세계관을 만든 것은 아니었다. 붓다가 하고자 했던 것은 기존의 세계관을 새롭게 해석하고 그것을 기초로 새로운 세상을 만들어가는 것이었다. 그런데 새로운 세상은 기존의 세상 안이 아닌 사회 밖에 건설하는 것이었다. 세상과 불화하거나 그것을 뒤집어엎는 혁명적 전환은 바라지도 않았고 시도하지도 않았다. 그는 이상을 꿈꾸었으나 세상과의 화해 속에서 꿈꾸었다.

그런 점에서 붓다는 현실주의자다. 그리고 마찬가지로 그런 점에서 붓다의 길은 종교와는 거리가 멀다. 그가 추구한 깨달음은 흔히 종교에서 말하는 천국 같은 사후 세계가 아니다. 그는 사후 세계로 가는 윤회를 거부하였다. 그런 측면에서 그는 신의 가치를 인정하지 않았다. 지금은 붓다가 신이 되었고 종교의 창시자가 되었지만 그가 택한 길은 결단코 종교는 아니었다. 그가 베다 시대 말기부터 여러 사상가가 즐겼던 담론 논쟁이나 사변론을 거부한 것 또한 현세적 합리주의적 세계관 때문이다. 그는 오로지 현실적이고 실증적이며 경험적인 사고만을 지녔다. 붓다는 담론 논쟁을 즐기는 사람들이 언어유희를 버리고 계행, 절제, 선정 등을 통해 최고의 가치인 해탈에 도달해야 한다고 하였다. 철저한 현실적·합리적 세계관의 발로다.

참 진보, 참 보수의 길

그에게서 참 진보의 길을 본다. 그는 본질을 거부하고 인간의 무한 능력을 계발한다. 그리고 인민을 착취하고 새로운 사회를 전통에 얽매어 거부하는 사회에 단호하게 맞선다. 현실에 맞든 맞지 않든, 따르는 사람들이 모이든 모이지 않든 개의치 않고 혼자서 이상적인 길을 묵묵히 떠난다. 그리고 뜻이 맞는 동지들과 새로운 공동체를 만들어 세상을 바꾸려 평생을 진력한다.

그는 자신의 길을 따르지 않는다고 인민을 단 한 번도 버린 적이 없다. 비록 자신의 길이 나중에 그들에 의해 더럽혀질지라도 인민을 버리는 길은 가지 않는다. 이런 진보주의자가 없는 세상, 지금 여기가 암울하다.

그에게서 참 보수의 길을 본다. 그는 전통을 유지하되 그 가치를 따져 인간 존중의 정신이 없는 것은 과감히 버린다. 새로운 길을 걷되 오래된 것과 충돌하지 않는다. 공동체를 세우되 우리를 앞세우지 않는다. 세상을 바꾸되 나를 바꿔 바꾸려 하지 남을 바꿔 바꾸려 하지 않는다. 도그마나 근본주의에 얽매이지 않으니 오로지 그 중심을 볼 뿐이다. 진정성이라는 뿌리가 있으면 그것을 이루어내는 열매는 상황에 따라 잘릴 수 있다. 남이 무어라 하든 결과가 어떻게 나오든 개의치 않는다. 오로지 내가 해야 할 도리이기 때문에 이 길을 간다.

자신의 길에 대한 신랄한 비판에도 그는 분노하거나 남을 탓한 적이 없다. 비록 자신의 길을 다른 사람들이 오해하더라도 그들과 싸워 꺾어버리는 길은 가지 않는다. 이런 보수주의자가 없는 세상, 지금 여기가 암울하다.

후기

당대의
처절한 역사를
온몸으로 살아낸
한 인간의 이름,
붓다

『슬픈 붓다』는 불교에 아무런 호오 감정이 없는 정말 무미건조한 역사학의 글이다. 혹자는 '애정 어린 비판'이라고 칭찬 아닌 칭찬을 해주는데 전혀 아니다. 난 역사학자로서 대상을 비판적으로 해석하고 분석할 뿐이다. 역사학자는 대상에 '애정'을 갖지 않고 오로지 비판하는 사람이라 믿는다. 그것이 분석 대상이라는 것은 모두 과거의 진실 그대로 우리에게 나타나 존재하는 게 아니라 시간의 켜와 층 사이에서 왜곡되거나 미화되면서 신화로 자리 잡기 때문일 것이다. 그래서 난 연구 대상인 붓다와 불교에 대해 신화를 벗겨내고자 하는 작업만 할 뿐이다. 그런데 그 대상이 종교여서 사실은 매우 부담스럽다.

나에게는 무미건조한 역사학의 대상이지만 불교라는 종교를 가진 분들에게는 삶에 의미를 주고 삶을 지탱해주는 것이 될 수도 있기 때문이다. 사실은 그런 부담감 때문에 델리대학교 역사학과에서 박사 학위 논문으로 쓴 후 (그쪽에서는 영어로 출판했지만, 이쪽에서는) 오랫동안 작업을 하지 않고 묵혀두었다. 아니 특별한 경우를 제외하고는 박사 학위 이후 한국에 들어와서 불교사에 관한 글은 좀체 쓰지 않았다. 역사적 진실이라는 것이 타인에게 마음의 상처를 낼 수 있는 권리를 준다고 생각지 않아서였다.

20년이 지난 작년 여름 마음이 바뀌었다. 학문은 학문일 뿐 그 너머의 일을 생각하는 것은 학문하는 자의 진정한 자세가 아니라는 생각이 들어서였다. 그리고 갈수록 기억력이 떨어져 이제 제대로 연구할 수 있는 날이 많지 않을 것 같다는 두려움이 전공 분야에 관한 대중서를 한 권 내야 하지 않을까 하는 생각을 하게 했다.

이 책에서는 붓다의 사회적 행적에 의미를 부여한다. 이는 붓다가 사회적 메시지만 설파했다고 하는 것은 아니다. 그는 분명히 사회나 경제, 정치보다는 인간의 삶의 근본에 대해 영적인 고뇌를 한 스승이었다. 인간과 우주의 진리와 그 궁극에 대해 출가 후 생을 거둘 때까지 쉬지 않고 자신을 돌아보며 수행하고 가르치고 교화에 나섰다는 것은 붓다에 관한 글 가운데 가장 먼저 다루어야 할 부분이다. 영적인 메시지가 이런 세속적 메시지보다 훨씬 막중하고 우선적이었다는 사실을 말하는 것이다.

그렇지만 붓다는 오로지 개인의 영적인 부분에만 머물러 있었던 것은 아니다. 그는 분명히 당대의 처절한 역사를 살아온 그리고 역사에 커다란 발자취를 남긴 역사적 인간이기 때문에 그가 한 역사적 행위의 원인과 과정 그리고 의미를 짚어보고자 하는 것도 의미가 없지 않다. 그래서 역사학자가 그를 연구하고 그에 대해 집필하는 것이다.

여기에 한 가지 덧붙인다면, 붓다나 불교에 관한 많은 저술이 내가 말하고자 하는 역사인으로서 붓다를 간과하거나 일부러 무시하고 있다는 점을 심각하고 무겁게 생각한다. 너무나 많은 글이 '인간 붓다'를 다룬다고는 하지만 그건 하나같이 인간 붓다의 모습이 아니다. 학문적인 글이 아니라서 작정하고 비판할 필요가 없어서 비판을 안 할 뿐이다. 하지만 그런 글들 때문에 많은 사람이 붓다의 역사성을 놓치고 오로지 신으로서 붓다만 받아들이게 된다. 그러면서 많은 문제가 발생한다.

그의 영적이고 철학적인 고뇌가 신앙인이나 사상의 제자들에게 중요하듯 그의 사회적 행위 또한 역사인 모두에게 중요하다. 역사 속에서 신이 된 인간은 모두 그렇다. 그들을 신의 세상에서 다시 인간의 세상으로 복원해야 그들이 바라는 세상이 오리라 믿는다. 그런 차원에서 먼저 필요한 것이 역사 속 붓다의 행적에 대한 이해다. 한 역사인으로서, 특히 기득권층과 그 사회에 반대한 역사인으로서 그의 실제 행적에 대한 이해는 종교의 믿음이나 신실함과는 별개다.

내가 붓다의 이름으로 정치하는 불교계 행태에 관심을 보인 것은 한국의 정치 특히 진보 정치에 관심이 많기 때문이다. 나는 성인이 된 이래 지금까지 줄곧 한국 정치가 사악하게 전개되었고, 그 과정에서 결정적인 역할을 한 것이 종교였다는 생각을 해왔다. 이렇게 타락한 한국 사회를 탈바꿈하기 위해서는 노동 중심, 계급 중심의 진보 정치가 권력의 중요한 축을 형성해야 한다고 믿어왔다. 그러면서 최근 10년 가까이 몸과 마음을 바쳐 사랑했던 진보 정당이 참 '종교답다'는 생각을 하면서 종교와 정치의 은유적 내지는 실체적 관계에 구체적으로 관심을 두기 시작했다.

난 종교적일수록 정치적이고 정치적일수록 종교적이라는 생각을 오랫동안 해왔다. 독설같이 들릴지 모르겠지만 어떤 자가 지나치게 권력이나 물질을 추구하거나 집단주의를 부추기거나 너무 뻔뻔스러운 변명을 하면 난 종교적이라고 말했다. 하지만 정치도 종교도 둘 다 나쁘고 더럽다고 해서 그에게서 벗어나 홀로 푸르게 살아야 한다고는 생각지 않는다.

역사 속에서 대중과 진보는 결코 양립한 적이 없다. 그렇다면 진보는 대중화를 위해 일정 부분 넘어가지 말아야 할 한계를 설정해야 하는가? 설정한다면 그 한계를 칼로 떡 썰 듯이 분명하게 그을 수 있는 것일까? 진보가 대중적이 된다는 것 자체가 모순인가? 진보는 계속해서 변화를 추구하고, 변화한다는 것은 결국 대중과 결별한다는 것을 의미하는데, 그렇게 대중과 결별하면 소수 집단으로서 영향력을 상실할 수밖에 없는 것일까?

나는 붓다의 제자들이 세운 불교 역사에서 그것을 분명히 보았다. 진보가 대중적이지 못하면 그것은 사회 밖 은둔 공동체로 남아 결국 스스로 사멸할 수밖에 없다. 붓다가 활동하던 당시 육사외도六師外道를 비롯한 수없이 많은 기세자의 경우에서 소멸의 역사를 분명히 보았다.

 인민을 위해 궁극을 양보한 붓다. 하지만 그를 죽인 인민! 붓다가 죽은 자리 위에서 불교는 영화롭게 산다. 지금 한국 사회의 진보가 죽은 역사에서 슬픈 붓다를 보고, 난 목 놓아 운다.

사진 인덱스

22~23쪽   인도, 아잔따-엘로라, 2012
29쪽   인도, 아잔따-엘로라, 2012
32쪽   인도, 라다크, 2012
37쪽   한국, 경주, 2012
40쪽   인도, 라다크, 2012
46~47쪽   스리랑카, 담불라, 2010
52쪽   스리랑카, 담불라, 2010
56쪽   인도, 아잔따-엘로라, 2012
64~65쪽   캄보디아, 앙코르와트, 2008
72~73쪽   인도, 아잔따-엘로라, 2012
80~81쪽   한국, 경주, 2012
84쪽   캄보디아, 앙코르와트, 2008
88~89쪽   스리랑카, 뽈론나루와, 2010
93쪽   인도, 아잔따-엘로라, 2012
98쪽   스리랑카, 깐디, 2010
106~107쪽 스리랑카, 담불라, 2010
114~115쪽 스리랑카, 깐디, 2010
122쪽   스리랑카, 뽈론나루와, 2010
128~129쪽 스리랑카, 껠라니야, 2010
134쪽   인도, 아잔따-엘로라, 2012
140~141쪽 인도, 라다크, 2012
145쪽   인도, 아잔따-엘로라, 2012
150쪽   캄보디아, 앙코르와트, 2008
158~159쪽 스리랑카, 깐디, 2010

162쪽	스리랑카, 담불라, 2010
168쪽	인도, 라다크, 2012
174쪽	인도, 델리, 2012
180~181쪽	스리랑카, 껠라니야, 2010
184쪽	스리랑카, 껠라니야, 2010
190~191쪽	한국, 경주, 2012
197쪽	인도, 아잔따-엘로라, 2012
200쪽	인도, 아잔따-엘로라, 2012
208~209쪽	인도, 아잔따-엘로라, 2012
212쪽	스리랑카, 아누라다뿌라, 2010
218~219쪽	인도, 라다크, 2012
222쪽	스리랑카, 담불라, 2010
228~229쪽	스리랑카, 아담스피크, 2010
236쪽	스리랑카, 담불라, 2010
244~245쪽	인도, 아잔따-엘로라, 2012
252쪽	스리랑카, 아누라다뿌라, 2010
262~263쪽	스리랑카, 담불라, 2010
270~271쪽	인도, 아잔따-엘로라, 2012
278쪽	스리랑카, 아누라다뿌라, 2010
282쪽	스리랑카, 껠라니야, 2010
287쪽	인도, 아잔따-엘로라, 2012
292~293쪽	인도, 아잔따-엘로라, 2012

참고문헌

원사료

Aṅguttara Nikāya, ed. R. Morris and E. Hardy, 5 vols., PTS(London, 1885-1900); tr., *The Book of the Gradual Sayings*, I, II and V by F. L. Woodward and III and IV by E. M. Hare, PTS(London, 1932-36).

Buddhist Suttas, ed. F. Max Muller, tr., by T. W. Rhys Davids, SBB(rep., Delhi, 1965).

Cullavagga, ed. Bhikkhu J. Kashyap, Nalanda Devanagari Pali Series, (Nalanda, 1956); tr., *Vinaya Texts*, by T. W. Rhys Davids and H. Oldenberg, SBE XVII and XX(rep., Delhi, 1982).

Dhammapada, ed. Bhikkhu J. Kasyap Nalanda Devanagari Pali Series(Nalanda, 1959); tr., Max Muller, SBE, X, pt.1(rep., Delhi, 1988).

『법구경-담마빠다』, 전재성 역주, (서울: 2008).

Dīgha Nikāya, ed. T. W. Rhys Davids, and J. E. Carpenter, 3 vols., PTS(London, 1890-91); tr., *Dialogues of the Buddha* by T. W. Rhys Davids, 3 vols., SBB(London, 1899-21).

Jātakas, ed. V. Fausboll, 6 vols.(London, 1877-98); tr., E. B. Cowell(Cambridge, 1895-1913).

Mahāvagga, ed. Bhikkhu J. Kashyap, Nalanda Devanagari Pali Series(Nalanda, 1956); tr., *Vinaya Texts*, by T. W. Rhys Davids and H. Oldenberg, SBE, XIII and XVII(rep., Delhi, 1982).

Majjhima Nikāya, ed. V. Trenckner and R. Chalmers, PTS, 3 vols., (London, 1886-96); tr., *The Collections of the Middle Length Sayings* by I. B. Horner, PTS, no. 29(London, 1954).

Samyutta Nikāya, ed. Bhikkhu J. Kashyap, Nalanda Devanagari Pali Series(Nalanda, 1959); tr., The Book of the Kindred Sayings by Mrs. Rhys Davids, 5 vols.(London, 1950-56).

Sutta Nipāta, ed. Bhikkhu J. Kasyap Nalanda Devanagari Pali Series(Nalanda, 1959); tr., V. Fausboll, SBE, X, pt. 2(rep., Delhi, 1988).

『숫타니파타』, 전재성 역주(서울, 2004).

Theragāthā, tr., *Psalms of the Brethern* by Mrs. Rhys Davids, PTS, (London, 1951).

Theragāthā, tr., *Psalms of the Sisters* by Mrs. Rhys Davids, PTS(London, 1909).

Vinaya Pitaka, ed. H. Oldenberg, 5 vols.(London, 1879-83); tr., *The Book of Discipline* by I. B. Horner, 5 pts., SBB(London, 1938-52).

『한 권으로 읽는 빠알리 경전』, 일아 역편(서울, 2008).

연구물

Armstrong, Karen, *Buddha*(London, 2001), 『스스로 깨어난 자, 붓다』, 정영목 역(서울, 2004).

Basham, A. L., *History and Doctrine of the Ājivikas*(London, 1951).

Bhattacharyya, Benoytosh, *An Introduction to Buddhist Esoterism*(Indian rep., 1980).

Bose, A., *Social and Rural Economy of North India*(Calcutta, 1961).

Bougle, Celestine, *Essays on the Caste System*(Cambridge, 1971).

Chakravorty, Haripade, *Asceticism in Indian Culture*(Calcutta, 1973).

Chakravarti, Uma, *The Social Dimensions of Early Buddhism*(Delhi, 1996). 박제선 역,『고대 인도 사회와 초기 불교』(서울, 2004).

De, Gokuldas, *Democracy in Early Buddhist Samgha*(Calcutta, 1955).
Dhammaratna, U., *Buddha and Caste System*(Shravasti Balrampur, 1969).

Dutt, N., *Early Monastic Buddhism*, 2 vols.(Calcutta, 1941).

Dutt, S., *Buddhist Monks and Monasteries of India*(rep., Delhi, 1988).
_____ , *Early Buddhist Monachism*, (2nd edn. New Delhi, 1984).

Fick, R., *The Social Organization in North-East India in Buddha's Time*(rep., Delhi, 1972).

Ghoshal, U. N., *A History of Indian Political Ideas*(Oxford, 1966).

Gokhale, B. G., "The Early Buddhist Elite", *Journal of Indian History*, XLIII. pt. ii. 1965.
_____ , "Dhammiko Dhammaraja. A Study in Buddhist Constitutional Concepts", *Indica*. Silver Jubilee Commemoration volume of the Indian Historical Research Institute(Bombay, 1953).
_____ , "Early Buddhist Kingship", *Journal of Asian Studies*, XXXI, 1. November 1966.

Gombrich, Richard F., *Precept and Practice: Traditional Buddhism in the Rural Highlands of Ceylon*(Oxford, 1971).

Gonda, J., *Ancient Indian Kingship from the Religious Point of View*(Leiden, 1969).

Hazra, K. L., *The Rise and Decline of Buddhism in India*(Delhi, 1995).

Horner, I. B., *Women Under the Primitive Buddhism*(London, 1930).

Krishnan, Y., "Was There Any Conflict Between the Brahmanas and Buddhists", *Indian Historical Quarterly,* vol. 30, no. 2, 1954.

Kosambi, D. D., *An Introduction to the Study of Indian History*(Bombay, 1975).

Law, B. C., *A History of Pali Literature*(Callcutta, 1933).
_____ , *India as Described in Early Texts of Buddhism and Jainism*(London, 1941).

Lee, Kwangsu, *Buddhist Ideas and Rituals in Early India and Korea*(New Delhi, 1998).

Ling, Trvor, *The Buddha*(London, 1973).

Malalasekera, G. P., *Dictionary of Pali Proper Names*(rep., New Delhi, 1983).

Misra, G. S. P., *The Age of Vinaya*(New Delhi, 1972).

Nakamura, Hajime, *Indian Buddhism. A Survey with Bibliographical Notes*(1st. Indian edn., Delhi, 1987).

Nath, Vijay, *Dana: Gift System in Ancient India*(Delhi, 1987).

Oldenberg, H., *The Buddha: His Life, His Doctrine, His Order*(London, 1882).

Pande, G. C., *Sramana Tradition: Its History And Contribution to Indian Culture* (Ahmedabad, 1978).
_____ , *Studies in the Origin of Buddhism*(3rd edn., 1983).

_____, *Foundations of Indian Culture*, vol. I: *Spiritual Vision and Symbolic Forms in Ancient India*(Delhi, 1984).
_____, *Foundations of Indian Culture*, vol. II: *Dimensions of Ancient Indian Social History*(Delhi, 1984).

Rahula, Walpola, *What The Buddha Taught*(London and Bedford, 1959), 전재성 역, 『붓다의 가르침과 팔정도』(서울, 2005).

Raychaudhri, H. C., *Political History of Ancient India*(Calcutta, rep. 1972).

Rhys Davids, T. W., *Buddhist India*(rep., Delhi, 1970).

Sharma, J. P., *Ancient Indian Republics*(Leiden, 1968).

Sharma, R. S., "Material Background of the Origin of Buddhism", *Das Kapital Centenary Volume*, eds., Mohit Sen and M. B. Rao(New Delhi, 1968).
_____, *Ancient India*(New Delhi, 1977), 이광수 역, 『인도고대사』(서울, 1994).
_____, *Perspectives in Social and Economic History of Early India*(New Delhi, 1983).
_____, *Aspects of Political Ideas and Institutions in Ancient India*(2nd edn., 1968).

Singh, M. M., "Life in the Buddhist Monastery during the Sixth Century B. C.", *Journal of Bihar Research Society*, XI, 1954.

Spellman, John. W., *Political Theory of Ancient India*, 이광수 역, 『고대 인도의 정치 이론』(Oxford, 1964).

Spiro, Melford E., *Buddhism and Society: A Great Tradition and Its Burmese Vicissitudes*(London, 1971).

Tambiah, S. J., *World Conqueror and World Renouncer*(Cambridge, 1976).

Thapar, Romila, *Ancient Indian Social History: Some interpretations*(New Delhi, 1978).

Thomas, Edward, *The Life of Buddha as Legend and History*(2nd edn, 2003).

Varma, Viswanath Prasad, *Early Buddhism and Its Origins*(New Delhi, 1973).

Wagle, N., *Society at the Time of the Buddha*(Bombay, 1966).

M. Winternitz, *A History of Indian Literature*, 3 vols.(rev. edn. Delhi, 1983).

KI신서 5075
우리가 다시 읽어야 할
정신적 스승 시리즈

슬픈 붓다

1판 1쇄 발행 2013년 6월 30일
1판 2쇄 발행 2015년 4월 20일

지은이 이광수
펴낸이 김영곤
펴낸곳 (주)북이십일 21세기북스
부사장 이유남
출판콘텐츠기획실장 안현주
기획 송무호, 오미현
디자인 표지 twoes, 본문 여상우
영업본부장 안형태 **영업** 권장규 정병철 오하나
마케팅본부장 이희정 **마케팅** 민안기 김한성 김홍선 강서영 최소라 백세희
출판등록 2000년 5월 6일 제10-1965호
주소 (우 413-120) 경기도 파주시 회동길 201(문발동)
대표전화 031-955-2100 **팩스** 031-955-2151
이메일 book21@book21.co.kr **홈페이지** www.book21.com
트위터 @21cbook **블로그** b.book21.com

© 이광수, 2013

ISBN 978-89-509-4961-7 04200
ISBN 978-89-509-4964-8 (세트)
책값은 뒤표지에 있습니다.

이 책 내용의 일부 또는 전부를 재사용하려면 반드시 (주)북이십일의 동의를 얻어야 합니다.
잘못 만들어진 책은 구입하신 서점에서 교환해 드립니다.